Dobong-gu
Nowon-gu
Gangbuk-gu
Eunpyeong-gu
Seongbuk-gu
Jung-nang-gu
Seodaemun-gu
Jongno-gu
Dongdaemun-gu
Mapo-gu
Jung-gu
Seongdong-gu
Gwangjin-gu
Gangdong-gu
Gangseo-gu
Yongsan-gu
Yangcheong-gu
Yeongdeungpo-gu
Dongjak-gu
Gangnam-gu
Songpa-gu
Guro-gu
Seocho-gu
Geumcheon-gu
Gwanak-gu

1 2 3 4 5 6 7 8 9

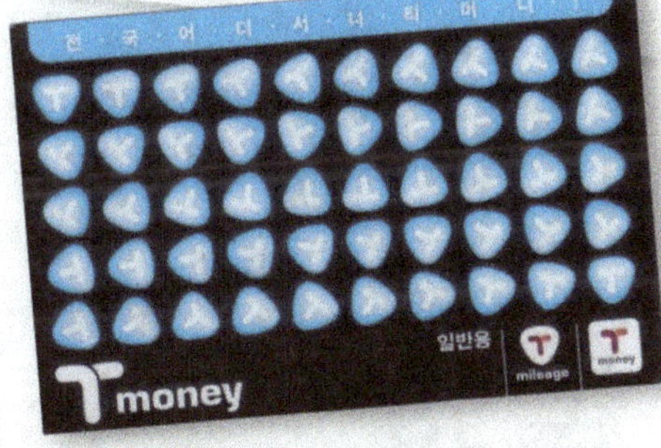
한 국 어 더 서 너 티 머 니
일반용
mileage
money

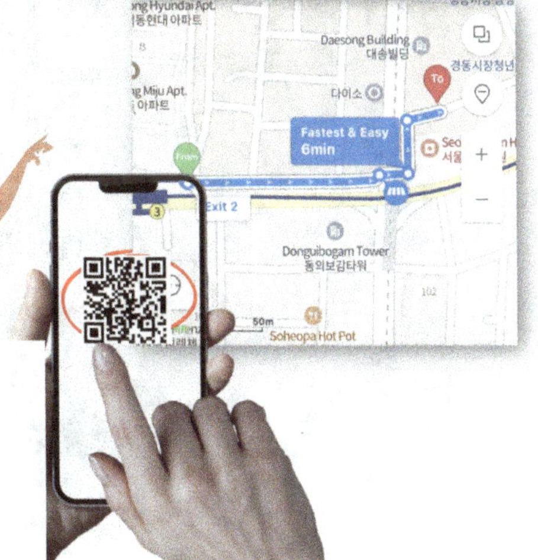
Hyundai Apt.
Daesong Building
대송빌딩
Miju Apt.
다이소
Fastest & Easy
6min
Exit 2
Donguibogam Tower
동의보감타워
50m
Soheopa Hot Pot

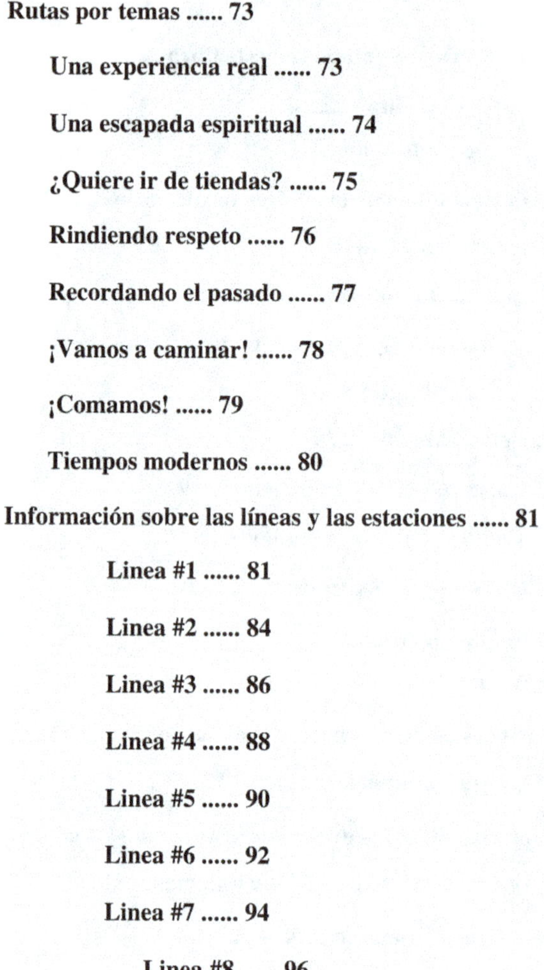

Descargo de responsabilidad: Debido a la naturaleza en constante cambio/desarrollo de la ciudad, la información como las direcciones, la hora y el coste proporcionada en este libro puede ser inexacta o estar desactualizada. Por este motivo, le recomendamos encarecidamente que no confíe únicamente en la información contenida en este libro y que utilice siempre otras herramientas complementarias disponibles para revisar y confirmar los detalles antes de salir por la puerta.

❶ Jongno-gu

- Mercado de pulgas de Dongmyo
- Parque Heunginjimun
- Dongdaemun/Heunginjimun
- Cheonggyecheon
- Mercado de Gwangjang
- Parque Tapgol
- Santuario real de Jongmyo
- Galería de instrumentos Nagwon
- Templo Jogyesa
- Campanario de Bosingak
- Chungmu Art Center
- Palacio de Gyeongbokgung
- Cheongwadae
- Museo Folclórico Nacional de Corea
- Palacio Changdeokgung
- Palacio Changgyeonggung
- Aldea Hanok de Bukchon
- El camino del café de Samcheongdong
- Insadong Ssamzi Gil
  (Distrito comercial de la artesanía)
- Parque Marronnier
- Gwanghwamun Square (Plaza)
- Mugyodong Nakji (Pulpo)
- Museo de Historia de Seúl
- Centro Sejong para las Artes Escénicas

❷ Jung-gu

- Iglesia Jeong Dong Jeil
- Teatro Nacional Chongdong
- Plaza de Seúl
- El palacio Deoksugung
- Antigua legación rusa
- Museo Nacional de Arte Moderno y
  Contemporáneo
- Altar de Hwangudan
- Iglesia presbiteriana de Youngnak
- Plaza Digital de Dongdaemun (DDP)
- La Ciudad de la Moda de Dongdaemun
- Mercado de pulgas de Hwanghakdong
- Sindangdong Tteokbokki Town
- Pueblo Namsangol Hanok
- Callejón Jokbal (Manitas de cerdo al vapor)
- Myeongdong
- La catedral católica de Myeongdong
- Cabina de billetes del teleférico de la Torre
  Namsan de Seúl
- Mercado de Namdaemun
- Puerta de Namdaemun

❸ Dongdaemun-gu

- Mercado de hierbas medicinales de Gyeongdong
- Mercado popular de Seúl
- Calle del Arte Antiguo de Dapsimni
- Tumbas reales de Yeonghwiwon y Sunginwon
- Sala conmemorativa del Rey Sejong el Grande

❹ Dongjak-gu

- Mercado pesquero de Noryangjin
- Tumbas de los seis mártires de Sayuksinmyo
- Parque Boramae
- Cementerio Nacional

❺ Seodaemun-gu

- Sala de Historia de la Prisión de Seodaemun
- Puerta de Dongnimmun

❻ Yeongdeungpo-gu

- Times Square (Plaza)
- IFC Mall (Centro comercial)
- Parque Yeouido
- 63 square
- Parque Seonyudo
- Edificio de la Asamblea Nacional
- Parque ecológico Yeouido Saetgang

❼ Gangnam-gu

- Tumbas reales de Seonjeongneung
- Calle Kstar (K-Star Road)
- Apgujeong Rodeo Street (La calle Rodeo)
- Sinsadong Garosu-gil
- Templo Bongeunsa
- COEX

❽ Seocho-gu

- Pueblo de Seorae y Parque de Montmartre
- GOTO Mall (complejo comercial subterráneo
  de la terminal de Gangnam)
- Sebit Seom (Isla Flotante)
- Central City

❾ Songpa-gu

- Lotte World
- Monumento de piedra de Samjeondobi
- Parque Olímpico
- Parque del Lago Seokchon
- Museo Baekje de Seúl (Hanseong)

❿ Mapo-gu

- Cementerio de misioneros extranjeros
  de Yanghwajin
- Santuario de los mártires de Jeoldusan
- Mecenatpolis Mall (Centro comercial)
- Estadio de la Copa del Mundo de Seúl
- Parque de la World Cup

⓫ Yongsan-gu

- Monumento a la Guerra
- Museo de Arte Amore Pacific
- El Museo Nacional de Corea
- Calle Gyeongridan-gil
- Zona turística especial de Itaewon
- Jardín Botánico de Namsan

⓬ Gwanak-gu

- Sillim-dong Sundae Town

⓭ Gwangjin-gu

- Common Ground

⓮ Seongdong-gu

- Bosque de Seúl
- Callejón de la Carne de Majangdong

⓯ Jungnang-gu

- El monte Yongmasan

⓰ Geumcheon-gu

- Gasan Digital Complex
  Outlet Town

⓱ Gangdong-gu

- Sitio de asentamiento
  prehistórico de Amsadong

⓲ Gangseo-gu

- Escuela confuciana
  Hyanggyo de Yangcheon

⓳ Incheon

- Parque temático Wolmi
- Incheon Chinatown

⓴ Gyeonggi-do

- KINTEX
- Parque del Lago Ilsan
- Gran Parque de Seúl

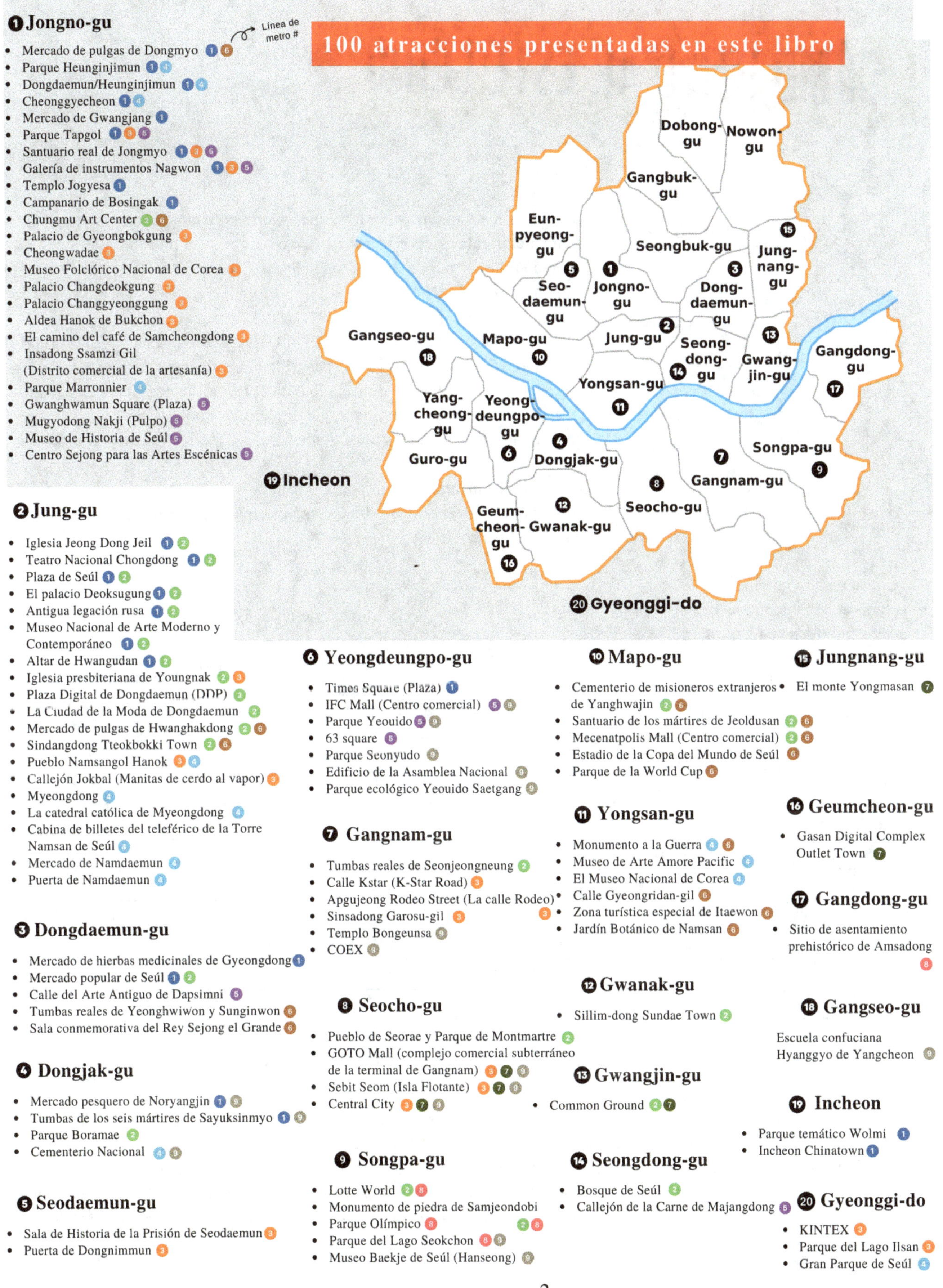

CÓMO UTILIZAR ESTE LIBRO

¡No vaya a Corea sin este libro!

Ya sea por el Kpop, las películas y los dramas coreanos, o la comida coreana, enhorabuena por haber elegido Seúl como su próximo destino, donde podrá disfrutar de uno de los mejores sistemas de metro del mundo, calificado por la CNN y Jalopnik.

¿Por qué viajar en el metro coreano? La respuesta obvia es que es la forma más eficaz y económica de visitar las principales atracciones de Seúl. Es seguro, puntual y está bien conectado para cubrir todos los rincones de la ciudad. Puede ir a cualquier lugar que desee, sólo con el metro, con la oportunidad de interactuar con la gente local y experimentar su cultura.

Esta es precisamente la razón por la que hemos creado esta guía de viaje única: ¡podrá visitar más de 100 de las principales atracciones de Seúl sólo tomando el metro!

Consejos de viaje locales, como dónde encontrar los baños públicos cuando esté dentro de una estación o cuando esté en la calle.

¡Identifique su ubicación mediante los números de las estaciones!

Los nombres de las estaciones están en inglés, coreano y chino.

Muchas de las estaciones están conectadas con otras líneas, lo que significa que los transbordos son gratuitos*.

Puede ver la distancia que está viajando, así como lo que ha viajado hasta ahora.

👫	🔒	#	Inglés	Coreano	Chino	Transbordo	Distancia (km)	Distancia acumulada (km)
●	●	201	City Hall	시청	市厅	1		
	●	202	Euljiro 1(il)-ga	을지로입구	乙支路入口		0.7	0.7
●	●	203	Euljiro 3(sam)-ga	을지로3가	乙支路三街	3	0.8	1.5
	●	204	Euljiro 4(sa)-ga	을지로4가	乙支路四街	5	0.6	2.1
●	●	205	Dongdaemun History & Culture Park	동대문역사문화공원	东大门历史文化公园	4 5	1	3.1
	●	206	Sindang	신당	新堂	6	0.9	4
	●	207	Sangwangsimni	상왕십리	上往十里		0.9	4.9
●	●	208	Wangsimni	왕십리	往十里	5	0.8	5.7

Una advertencia sobre los números de las estaciones: utilice el número sólo para identificar su ubicación, ya que un número menor o mayor que otro (por ejemplo, 302 y 803) no significa necesariamente que uno esté más al oeste o al este. Cada línea parte de un punto diferente y tiene recorridos distintos. No suponga que tiene que viajar en el orden ascendente o descendente de los números de estación y compruebe en el mapa la ubicación de cada estación antes de iniciar un viaje.

*Aprenda más sobre los transbordos gratuitos en la página 83

Esto indica que las líneas #1 (128) y #4 (421) están conectadas en esta estación y se puede acceder a ellas desde ambas.

Esto indica que sólo la línea #1 (129) pasa por aquí.

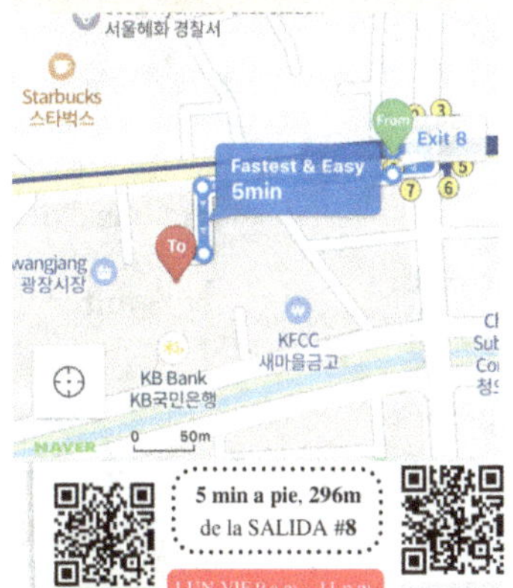

Dongdaemun/Heunginjimun
동대문/흥인지문

Jongno-gu Jong-ro 288
서울 종로구 종로 288

Dongdaemun (que significa "la puerta del este" y su nombre oficial es Puerta de Heunginjimun) es la puerta oriental de la entonces capital de Seúl, construida en 1398. La puerta actual fue reconstruida en 1869. En aquella época se construyeron cuatro puertas y cuatro rumores en la fortaleza de Seúl. La puerta Heunginjimun es la más grande junto con la puerta Sungnyemun de Seúl. Tiene una garita que es donde se alojaba la guardia y, en caso de emergencia, también servía como puesto de mando a cargo de los militares. En el exterior de la garita, los muros de ladrillo y las ventanas de madera ayudaban a prevenir al enemigo. La garita de la puerta de Heunginjimun refleja las características de los edificios del siglo XIX, que tienen una estructura general sencilla pero muchos adornos. Además, se colocó una fortaleza en forma de media luna delante para prevenir a los enemigos. Las luces se encienden por la noche, mostrando una vista diferente a la del día.

1 Tenga un conocimiento general del lugar, cómo llegar y cuánto tiempo le llevaría, así como su horario de atención.

Cheonggyecheon
청계천

Jongno-gu Changsin-dong
서울 종로구 창신동

Antes del proyecto de restauración que se llevó a cabo en 2005, era sólo una vía fluvial abandonada. Ahora es un lugar de recreo público de 10,9 km de longitud situado en el corazón de Seúl, que presume de su belleza natural en medio de la ajetreada vida de la ciudad. Entre los 20 puentes que tiene, Narae y Gwanggyo simbolizan la armonía del pasado y el futuro. Pasa cerca del Palacio Deoksugung, la calle Insadong, el Palacio Changdeokgung y el Palacio Changgyeonggung. Es un hermoso lugar para un agradable paseo, una divertida excursión familiar o una romántica noche de cita. Hay muchos arbustos y vegetación.

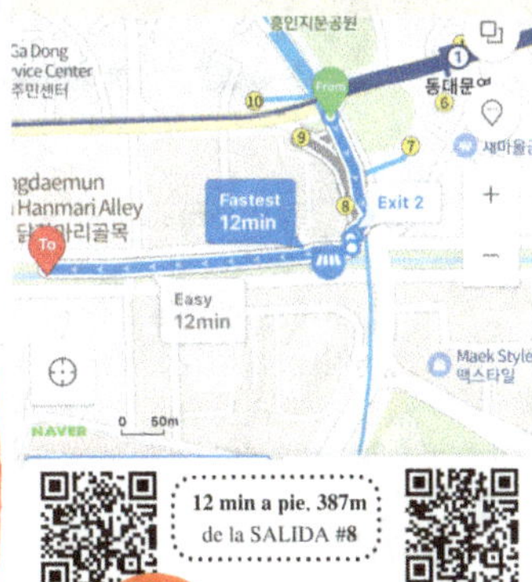

2 Escanee (libro de bolsillo) con su smartphone o toque (libro electrónico) el código QR, y se abrirá el **NAVER MAPS** o **GOOGLE MAPS**, con la ubicación preestablecida como destino. Simplemente, ¡puede seguir las indicaciones!

Nombre y dirección, en español y coreano.

Mercado de Gwangjang
광장시장

Jongno-gu Changgyeonggung-ro 88
서울 종로구 창경궁로 88

Es uno de los mercados tradicionales más vibrantes de Seúl, y es fácil para los viajeros ir porque está situado en el centro de la ciudad. Este mercado tradicional, con una larga historia, se formó a principios del siglo XX y ofrece diversos artículos como ropa y alimentos. El mercado de alimentos es especialmente famoso. Además del gimbap, puede disfrutar de panqueques variados, tteokbokki y pasteles de pescado que se hacen en el momento a precios razonables. Si le interesa la ropa, también es divertido pasar por la tienda de hanboks, donde podrá ver coloridas prendas tradicionales y una tienda de ropa vintage en la segunda planta.

Descripciones detalladas del lugar y consejos de viaje.

3 Consulte el sitio web oficial para obtener más detalles. Para el libro electrónico, ¡simplemente pulse el enlace!

Datos del metro de Seúl

El sistema de metro multioperador más largo del mundo por la longitud de sus recorridos.

Calificado como uno de los mejores sistemas de metro del mundo por CNN y Jalopnik

Se puede acceder a 4G LTE, WiFi, DMB y WiBro en todas las estaciones y trenes

Todas las estaciones disponen de puertas de andén coacristaladas, lo que añade una capa adicional de seguridad para los pasajeros.

Todas las líneas están equipadas con el sistema de pago inteligente Tmoney, que incorpora tecnología RFID y NFC para un pago automático cómodo y rápido.

Los transbordos entre líneas dentro del sistema son gratuitos*.

Pantallas LCD a todo color que muestran la hora de llegada de los trenes en tiempo real.

Todas las paradas se anuncian en coreano e inglés, y algunas paradas importantes también en japonés y chino mandarín.

Las paradas se anuncian con una música tradicional coreana muy chula llamada gugak.

* El viaje total debe ser inferior a 10 km y debe pagarse con una tarjeta T-Money.

* Se pueden hacer transferencias hasta 4 veces como máximo.

* Los transbordos tienen que hacerse dentro de los 30 minutos siguientes a la pulsación de la tarjeta TMoney (se amplía a 1 hora de 9 p.m. a 7 a.m.)

METRO DE SEÚL
INFORMACIÓN, ETIQUETA Y CONSEJOS

CÓMO LOCALIZAR LAS ESTACIONES DE METRO

- Escaleras cubiertas en las aceras de las calles
- Las estaciones llevan el nombre del barrio (por ejemplo, Gangnam, Myeongdong) o de los lugares de interés cercanos (por ejemplo, Seoul Plaza).

Cada estación de metro tiene varias salidas que están etiquetadas con números.

Si va a quedar con alguien, estos números de salida son una forma cómoda de decidir dónde quedar.

Hay plazas reservadas para ancianos y mujeres embarazadas y para personas con discapacidad.

Para el resto de los asientos, aunque no es obligatorio por ley, es una cortesía común ofrecer su asiento a quienes puedan necesitarlo más (por ejemplo, personas mayores, personas con una carga pesada)

Evite hablar o poner música a todo volumen en el tren.

Aunque no es ilegal, la comida debe consumirse fuera del tren.

BICICLETAS

foldable

regular

Linea 1-8
Plegables: Siempre
Regular: Fin de semana / vacaciones
*Permitido en la **línea 7** en días laborables de 10 a.m. a 4 p.m.

Linea 9
Plegable: Siempre
Regular: Nunca

HORARIO DE URGENCIA
6 a.m. - 9 a.m. / 4:30 p.m. - 7 p.m.

Las estaciones con múltiples plataformas de transbordo son las más concurridas, como la EXPRESS BUS TERMINAL / GANGNAM / SEOUL STATION

HORARIO DE FUNCIONAMIENTO
5:30 a.m. - 1 a.m. / midnight (SÁB/ DOM/FESTIVOS)

Algunas líneas cierran antes. Compruebe el horario de cada línea antes de planificar.

Tarjeta de un solo viaje

- Viaje de ida solamente (No es recargable).
- Sólo se puede comprar una tarjeta a la vez.
- Una tarifa de depósito de 500 KRW (0.35 EUR) es reembolsable después de su uso.
- En algunas estaciones no se puede hacer un trasbordo gratuito.
  (Estación de Seúl Línea 1, 4 <> Línea GyeonguiJungang)

Se puede comprar en un quiosco de cualquier estación de metro.
> Ideal si sólo necesita hacer un viaje.

Cómo obtener una tarjeta de un solo viaje

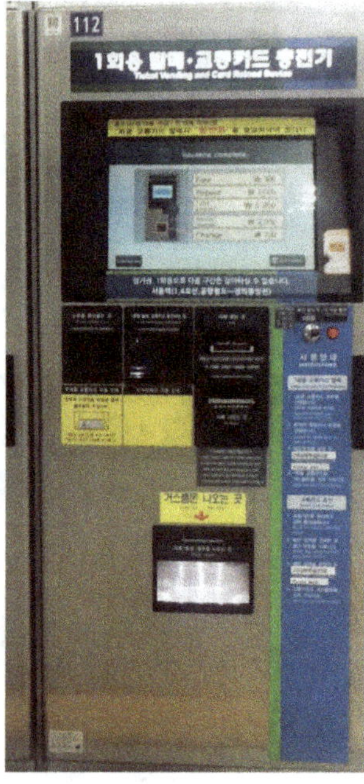

Encuentre un "Ticket Vending and Card Reload Device" situado en una estación.

Seleccione "Inglés".

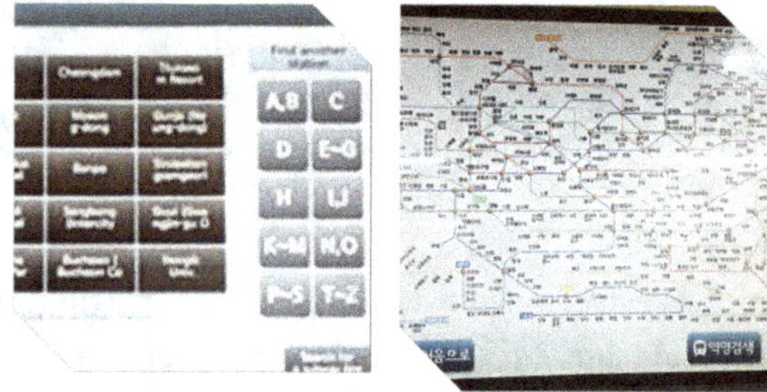

Elija su destino.

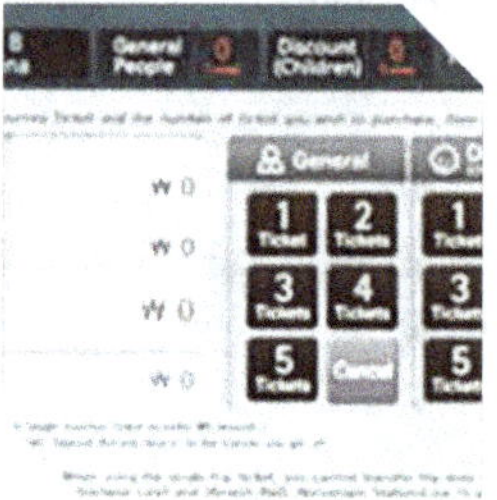

Introduzca el número de billetes necesarios e introduzca el dinero.

Saque la tarjeta de la máquina expendedora.

Cómo recuperar su depósito

En el caso de las tarjetas de viaje sencillo, puede obtener la devolución del depósito una vez que haya completado su tránsito de ida.

Sólo tiene que encontrar un "Dispositivo de devolución del depósito" situado en el interior de una estación y seguir las instrucciones, y obtendrá sus 500 KRW (0.35 EUR).

Tarjeta T-Money

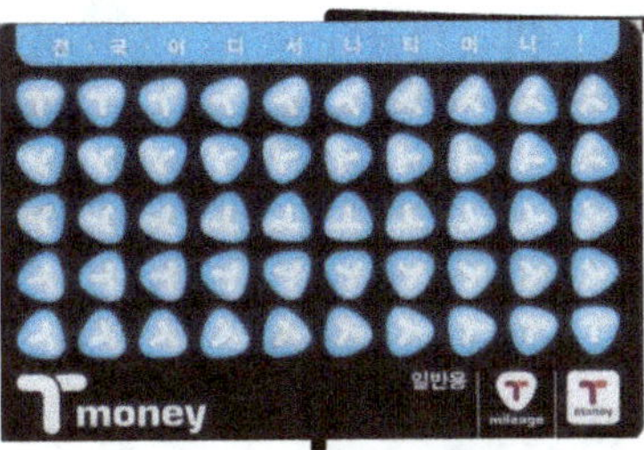

- Múltiples usos (recargable).
- Traslados gratuitos (4 veces como máximo, si son menos de 10 km, en un plazo de 30 minutos/hasta 1 hora entre las 9 p.m. y las 7 a.m.)
- Los descuentos también se aplican en combinación con los viajes en autobús (excluyendo los autobuses que recorren la misma ruta).
- El saldo restante es reembolsable.

Debe comprarse (la tarjeta más barata cuesta 3.000 KRW / 2 EUR) en un establecimiento con el logotipo de T-Money, en una máquina expendedora (líneas 14) o en el Centro de Información dentro de una estación (líneas 58).
>Ideal si piensa hacer muchos viajes en metro.

QUIOSCOS DE UNA ESTACIÓN NO VENDEN LAS TARJET SÓLO OFRECEN SERVICIOS DE CARGA.

Puede cargar dinero en cualquiera de los lugares indicados anteriormente o en un quiosco dentro de una estación.

Cargar/recargar su tarjeta

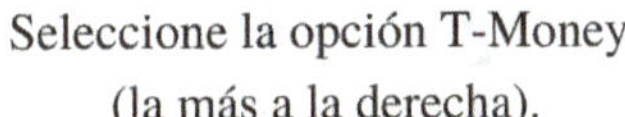

Seleccione la opción T-Money (la más a la derecha).

Coloque su tarjeta T-Money en la ranura.

Elija el importe que desea añadir.

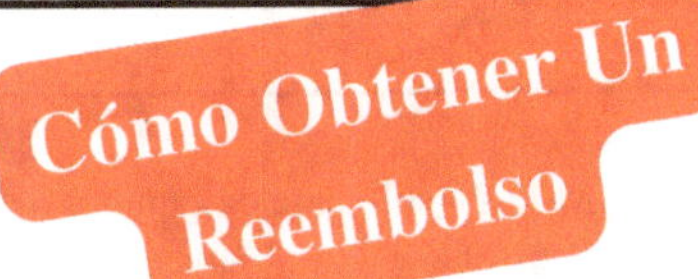

Cómo Obtener Un Reembolso	Tiendas de conveniencia indicadas arriba	Centro de reembolso de T-Money situado en las líneas de metro 1~9	Cajeros automáticos en un banco (Shinhan, Hana, Woori, Jeju, Nonghyup, Shinhyup y Correos)
Si le quedan menos de 20.000 KRW (14 EUR)			
Si queda más de 20.000 KRW (14 EUR) pero menos de 50.000 KRW (35 EUR)		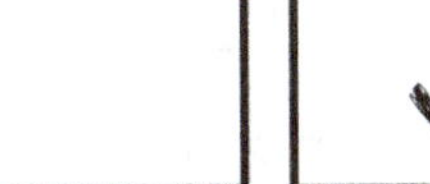	
Si quedan más de 50.000 KRW (35 EUR)			

M-Pass (sólo para extranjeros)

- Proporciona un máximo de 20 viajes al día
- Disponible en 1/2/3/5/7 pases de un día
- Caduca A medianoche del último día.
- También puede utilizarse como tarjeta T-Money tras añadirle dinero.
- Depósito de 4.500 KRW (3.15 EUR) (reembolsable) y cargo por servicio de 500 KRW (0.35 EUR) (no reembolsable).

>Ideal si su viaje tiene un máximo de una transferencia porque no hay descuentos por transferencia.

>Proporciona un ahorro considerable en los viajes de una sola línea.

>Todos los viajes comprados tienen que ser utilizados antes de su caducidad.

SÓLO SE PUEDE COMPRAR EN PUNTOS DE VENTA SELECCIONADOS.

Aeropuerto de Incheon
Terminal 1 @ Mostrador de información del aeropuerto

Nº 5 Puerta del 1er piso Llegada
Nº 10 Puerta del 1er piso Llegada
07:00~22:00

Estación de Seúl
(T-money Town)

Seoul City Tower 1st Fl. Salida nº 10 de la estación de Seúl 09:00~18:00 (Cerrado los fines de semana y los días festivos)

Myeongdong

Centro de información turística @ Salida nº 5 de la estación de Euljiro 09:00~20:00

Uso de la tarjeta

En todos los torniquetes de seguridad hay un lector de tarjetas.

1. Coloque su tarjeta (Viaje sencillo, T-Money, M-Pass).
2. Oirá un pitido y el lector mostrará el importe deducido y el saldo restante.
3. Pase por la puerta y disfrute de su viaje.

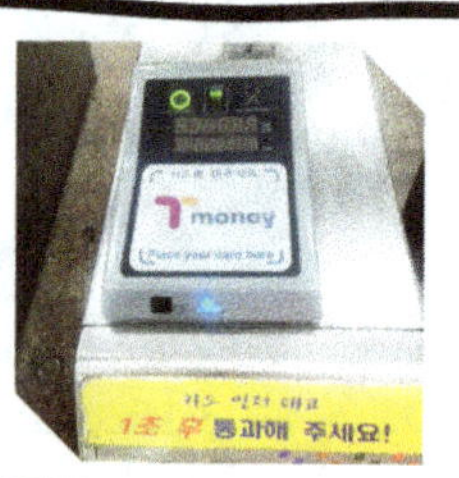

Tarifas del metro

(Para obtener la información más actualizada sobre las tarifas, visite T-Money.co.kr)

	Tarjeta de un solo viaje	Tarjeta T-Money	M-Pass (sólo para extranjeros)
		Hasta 10 km: 1.050 KRW	Dia / Tarifa / Precio de descuento después de las 5 p.m.
Adulto	Se añaden 100 KRW (0.07 EUR) a la tarifa T-Money	De 10 a 40 km: 100 KRW adicionales cada 5 km	1-dia / 15.000 (10.6 EUR) / 0 KRW 2-dias / 23.000 (16 EUR) / 20.000 KRW (14 EUR) 3-dias / 30.500 (21.5 EUR) / 27.500 KRW (19.4 EUR) 5-dias / 47.500 (33.5 EUR) / 44.500 KRW (31.5 EUR) 7-dias / 64.500 (45.6 EUR) / 61.500 KRW (43.5 EUR)
		Más de 40km: 100 KRW adicionales cada 10km	
Jóvenes (13-18)	Sin descuento (tarifa de un solo viaje)	Carga mínima: 720 KRW (0.5 EUR)	
Niño (6-12)	Cargo mínimo: 500 KRW (0.35 EUR)	Cargo mínimo: 450 KRW (0.32 EUR)	

APLICACIONES ESENCIALES PARA EL VIAJE A COREA

SUBWAY KOREA

Proporciona el último mapa del metro de Seúl y todos los mapas del metro ofrecen información sobre el tránsito en tiempo real, los horarios y los transbordos, así como una calculadora de rutas óptimas.

KOREA SUBWAY INFO: METROID

Desde las indicaciones giro a giro hasta los horarios de los trenes y los lugares de baño cercanos, esta aplicación le ofrece todo lo que necesita para moverse por Corea.

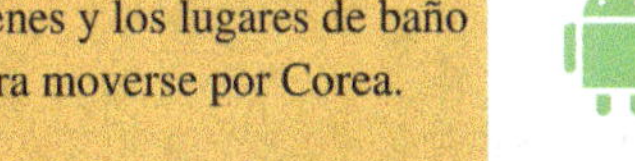

NAVER MAP

Desde las indicaciones giro a giro hasta los horarios de los trenes y los lugares de baño cercanos, esta aplicación le ofrece todo lo que necesita para moverse por Corea.

GOOGLE MAPS

Esta aplicación de navegación global ofrece funciones similares a las de NAVER MAPS, pero actualmente no proporciona direcciones "a pie" en Corea (las cosas podrían cambiar en el futuro). Sin embargo, proporciona indicaciones para llegar al metro y una lista de lugares cercanos en los idiomas que no admite el NAVER MAP. Le sugerimos que lo utilice no como una alternativa, sino como un complemento del NAVER MAP.

PAPAGO

Esta aplicación basada en la inteligencia artificial proporciona una traducción excelente, especialmente en Corea, lo que es imprescindible cuando se viaja a este país.

Línea directa de viajes 1330
+8221330 (coreano, inglés, japonés, chino)
Los amables operadores están disponibles para responder a sus preguntas.

CÓMO UTILIZAR LAS APLICACIONES

NAVER MAP - Cambio de idioma

1

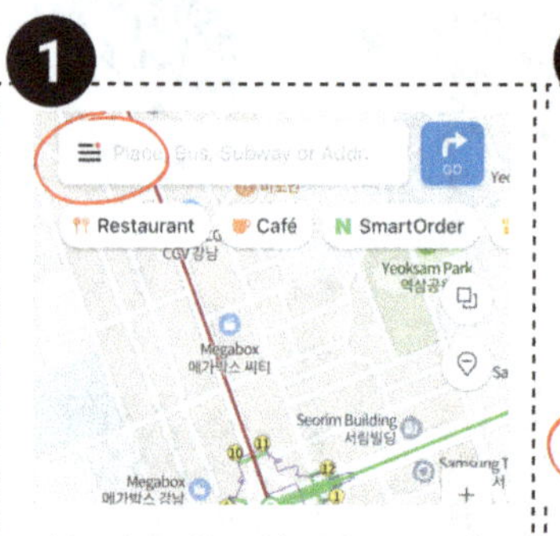

Abra la aplicación y busque el icono de ajustes en la esquina superior izquierda.

2

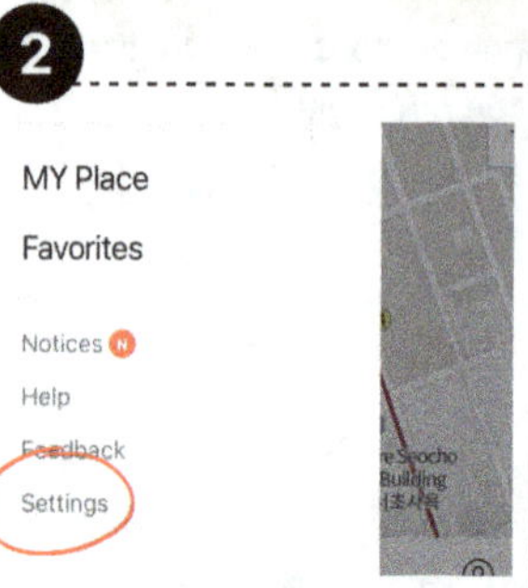

Vaya a "settings" en la parte inferior del menú.

3

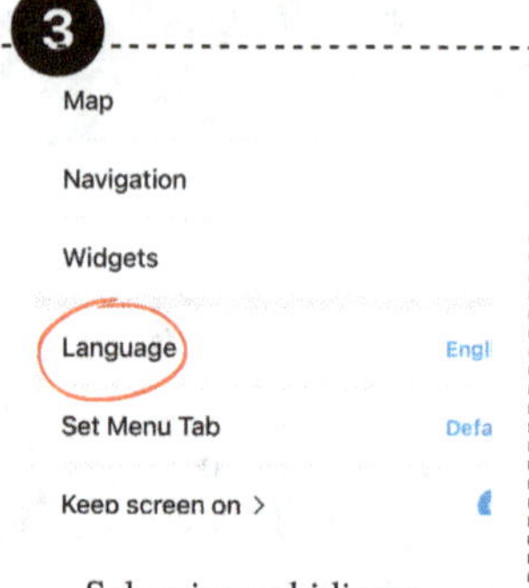

Seleccione el idioma.

4

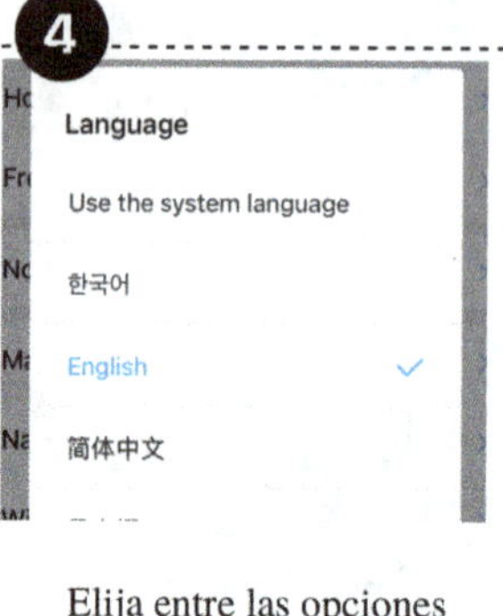

Elija entre las opciones disponibles.

Cómo encontrar las direcciones utilizando los códigos QR

1

En la parte inferior de cada sección, localice el código QR con "NAVER MAP".

2

Con un libro electrónico, pulse el código QR. Con un libro de bolsillo, escanee el código QR con su Smartphone.

3

Se abrirá el NAVER MAP, con la ubicación preestablecida como destino. Elija la opción "walk".

4

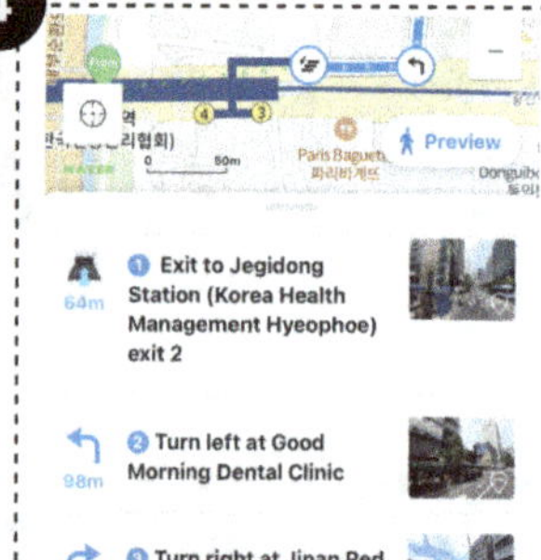

Localice su posición y siga las indicaciones.

OR

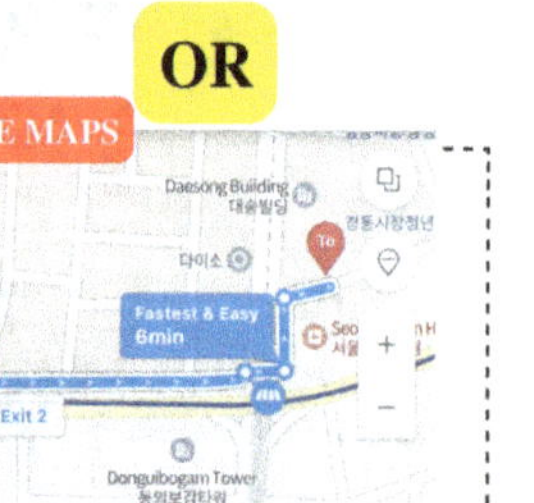

En la parte inferior de cada sección, localice el código QR con "GOOGLE MAPS".

Actualmente, las direcciones "a pie" NO se proporcionan en GOOGLE MAPS en Corea.

Se abrirá GOOGLE MAPS, con la ubicación preestablecida como destino. Elija la opción "directions".

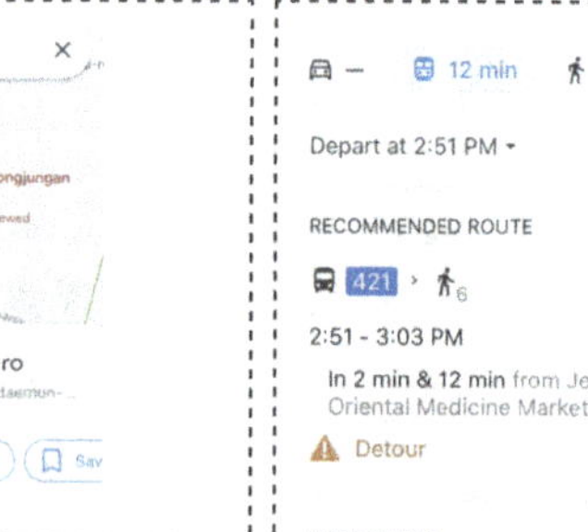

Localice su posición y siga las indicaciones.

Encontrar direcciones manualmente

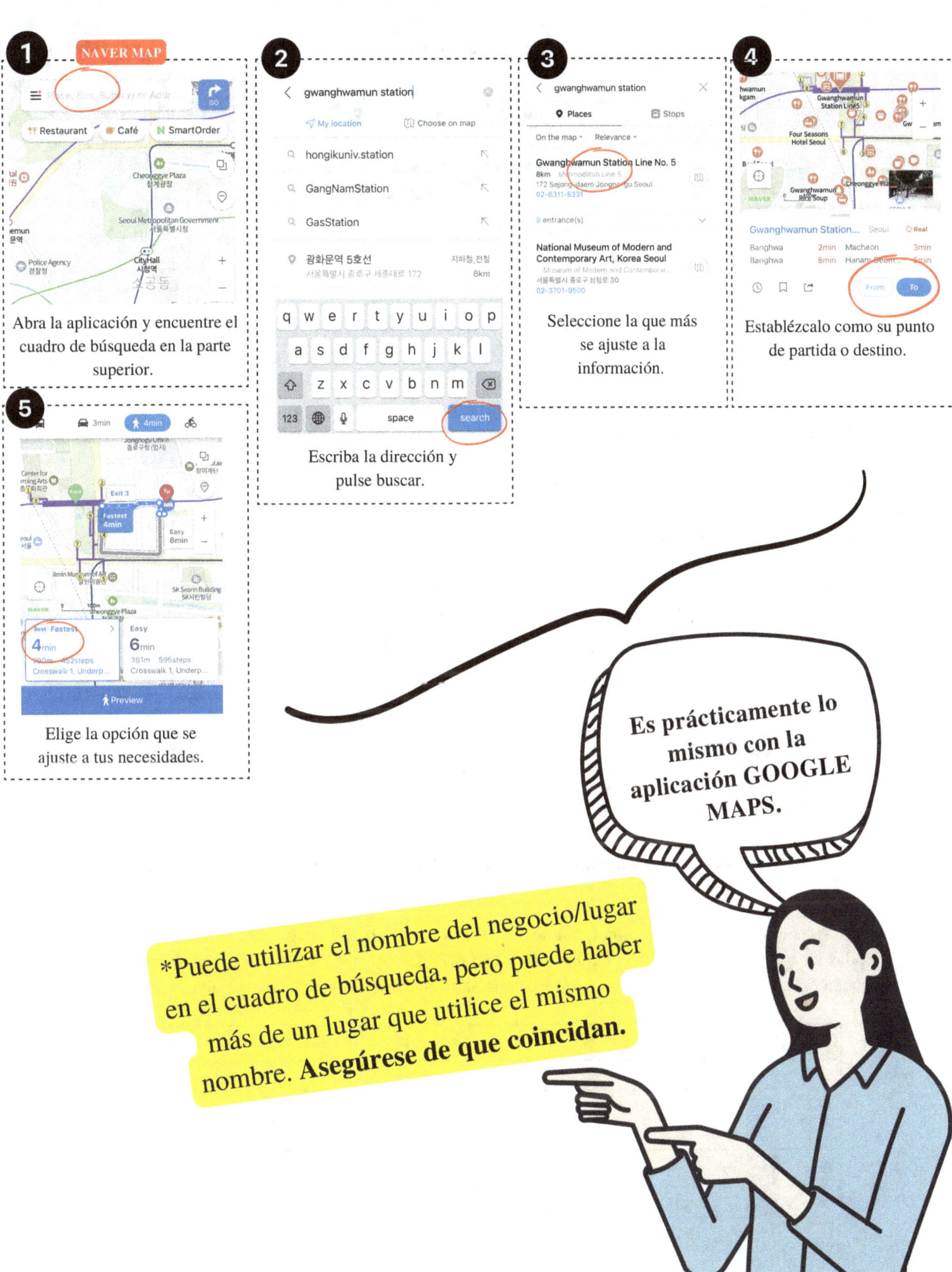

1 Abra la aplicación y encuentre el cuadro de búsqueda en la parte superior.

2 Escriba la dirección y pulse buscar.

3 Seleccione la que más se ajuste a la información.

4 Establézcalo como su punto de partida o destino.

5 Elige la opción que se ajuste a tus necesidades.

*Puede utilizar el nombre del negocio/lugar en el cuadro de búsqueda, pero puede haber más de un lugar que utilice el mismo nombre. **Asegúrese de que coincidan.**

CÓMO ENCONTRAR BAÑOS PÚBLICOS

Si ya está en un tren...

Cada estación de metro de Seúl tiene un baño público, que está abierto a cualquiera y es completamente gratuito, así que puede ir corriendo a una estación de metro cercana, pero aquí está el truco: puede tener un baño dentro de la puerta de billetes o fuera de ella, lo que significa que, si ya está en un tren, entonces es mejor encontrar uno que esté dentro de la puerta de billetes porque no tiene que salir del bucle para ir al baño y pagar de nuevo para volver a entrar.

Sin embargo, lo que puede hacer en lugar de salir del bucle, es acercarse a la puerta de billetes (torniquete), y pedir al personal de guardia que le abra la puerta lateral para ir al baño. Y cuando esté de vuelta, pida a la persona que le deje entrar de nuevo.

O, si no hay nadie de guardia, debería haber un botón de interfono. Pulse el botón y pida lo mismo, y no tendrá ningún problema para entrar y salir sin tener que salir del bucle.

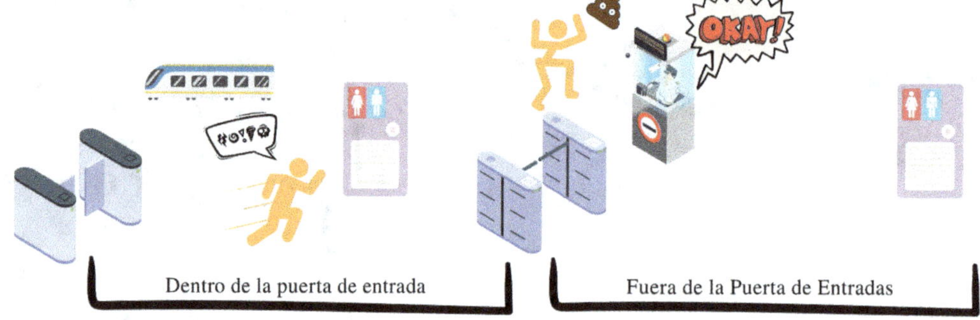

Para su comodidad, en la sección Lista de estaciones de metro de la página 123, hemos marcado todas las estaciones con baños públicos **DENTRO DE LA PUERTA DE ENTRADA** para que pueda acceder a ellos rápidamente sin tener que salir de la puerta de entrada y volver a entrar.

🚻	🔒	#	Inglés	Coreano	Chino	Transbordo	Distancia (km)	Distancia acumulada (km)
		131	Jonggak	종각	钟阁		0.8	48.6
●		132	City Hall	시청	市厅	2	1	49.6
		133	Seoul Station	서울역	首尔(站)	4	1.1	50.7
●		134	Namyeong	남영	南营		1.7	52.4
●		135	Yongsan	용산	龙山		1.5	53.9

1

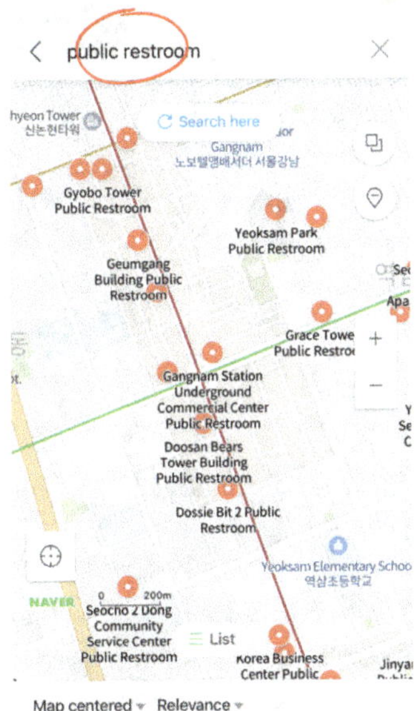

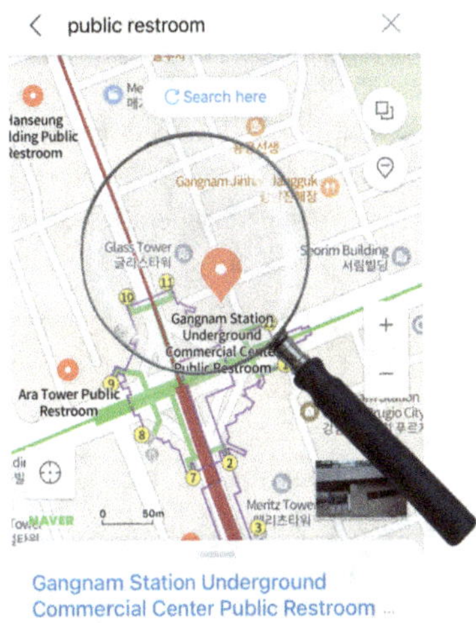

Abra Naver Map y pulse el icono de posicionamiento para encontrar su ubicación actual.

Escriba "public restroom" o "화장실" en el cuadro de búsqueda.

Acérquese para localizar la más cercana a usted.

2

Cafés y restaurantes de comida rápida
(Al azar: algunos son sólo para clientes)

3

Gasolineras
(Se requiere que tengan un baño público)

4

Grandes almacenes

5

Oficinas públicas y universidades
Ayuntamiento, oficina de distrito, universidades, etc.

Cajas de seguridad pública en las estaciones de metro

¿Qué son?

Una de las penas de un viajero es tener que llevar mucho equipaje. Para los viajeros del metro como usted, lo es aún más. Por suerte, las estaciones de metro coreanas ofrecen un servicio de almacenamiento.

Datos importantes

- No se puede pagar en efectivo. ¡Sólo con tarjeta / T-Money!
- Hay algunas estaciones que no ofrecen el servicio.
- Consulte la lista.
- El máximo es de cinco días. Cualquier artículo que se deje durante más de cinco días será trasladado a un lugar diferente. Si se necesitan más de cinco días, llame al servicio de atención al cliente con antelación al 18771265.
- Horario: 7 a.m. - 1 a.m. (día siguiente) / 7 a.m. - MEDIA NOCHE (domingo/festivos)

Artículos prohibidos

Alimentos   Objetos de valor

Animales, Planta , Armas, Drogas

¡Consulta la lista!

👫	🔒	#	inglés	coreano	chino
	●	810	Amsa	암사	岩寺
		811	Cheonho(Pungnaptoseong)	천호(풍납토성)	千户(风纳土城)
	●	812	Gangdong-gu Office	강동구청	江东区厅

Tarifas

Ancho x Largo x Altura (cm)	4 horas	4 - 12 horas	12+ horas	1 dia	Largo plazo (1 mes)
S (500 x 300 x 600)	2.000 KRW	500 KRW/Hr	Cada 12 Hrs 2.000 KRW	8.000 KRW	50.000 KRW
M (500 x 450 x 650)	3.000 KRW	800 KRW/Hr	Cada 12 Hrs 3.000 KRW	12.400 KRW	80.000 KRW
L (500 x 900 x 600)	4.000 KRW	1.000 KRW/Hr	Cada 12 Hrs 4.000 KRW	16.000 KRW	100.000 KRW

Efectivo

El billete más grande es de 50.000 오만원 (omanwon), que equivale
aproximadamente a 35 EURO,
seguido de 10.000 만원 (manwon), aproximadamente 7 EURO,
5.000 오천원 (ocheonwon), aproximadamente 3.5 EURO,
y 1.000 천원 (cheonwon), aproximadamente 0.71 EURO.

Monedas

La moneda más grande es de 500 오백원 (obaekwon), aproximadamente 35 centavos de EURO,
seguida de 100 백원 (baekwon), aproximadamente 7 centavos de EURO,
50 오십원 (oshipwon), aproximadamente 3.5 centavos de EURO,
y 10 십원 (shipwon), aproximadamente 0.7 centavo de EURO.
Existen monedas de 5 y 1 won, pero hoy en día casi no se utilizan.

Las principales tarjetas de crédito (VISA/MC/AMEX) se aceptan en casi todas partes en Corea.

¿Puedo utilizar Samsung Galaxy Pay / Apple Pay?

Desde 2022, Samsung Galaxy Pay es ampliamente aceptado en Corea, pero Apple Pay aún no ha llegado a Corea. Sin embargo, hay rumores de que Apple Pay también estará disponible en un futuro próximo, ¡así que esté atento a una actualización!

Uso de cajeros automáticos en Corea

PUEDE utilizar su tarjeta de débito emitida en su país para sacar dinero de un cajero automático en Corea. Busque el letrero "Global ATM" en un cajero automático. O bien, utilice los enlaces que aparecen a continuación para buscar el más cercano a usted. (Aunque esté en coreano, sólo tiene que escribir una dirección en inglés y le dará los detalles de la dirección en inglés también).

www.mastercard.co.kr/ko-kr/personal/get-support/find-nearest-atm.html

www.visa.com/atmlocator/

www.unionpayintl.com/cardholderServ/serviceCenter/atm?language=en

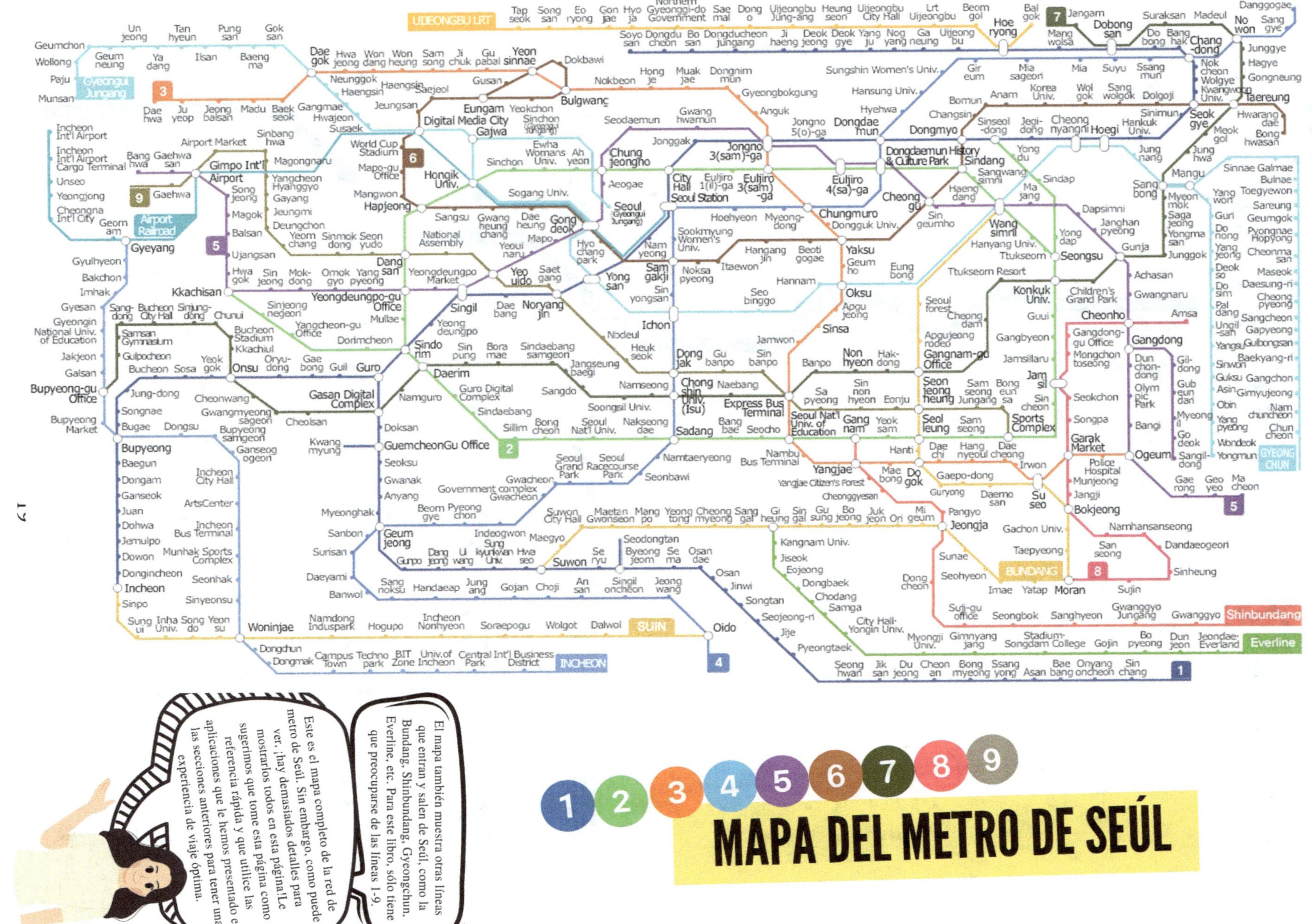

MAPA DEL METRO DE SEÚL
Este es el mapa completo de la red de metro de Seúl. Sin embargo, como puede ver, ¡hay demasiados detalles para mostrarlos todos en esta página!Le sugerimos que tome nota de esta página como referencia rápida y que utilice las aplicaciones que le hemos presentado en las secciones anteriores para tener una experiencia de viaje óptima.
El mapa también muestra otras líneas que entran y salen de Seúl, como la Bundang, Shinbundang, Gyeongchun, Everline, etc. Para este libro, sólo tiene que preocuparse de las líneas 1-9.

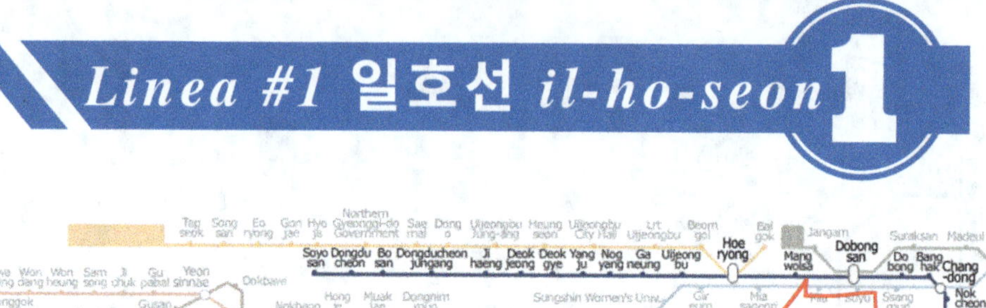

(125) JEGIDONG 제기동

- Mercado de hierbas medicinales de Gyeongdong 경동시장

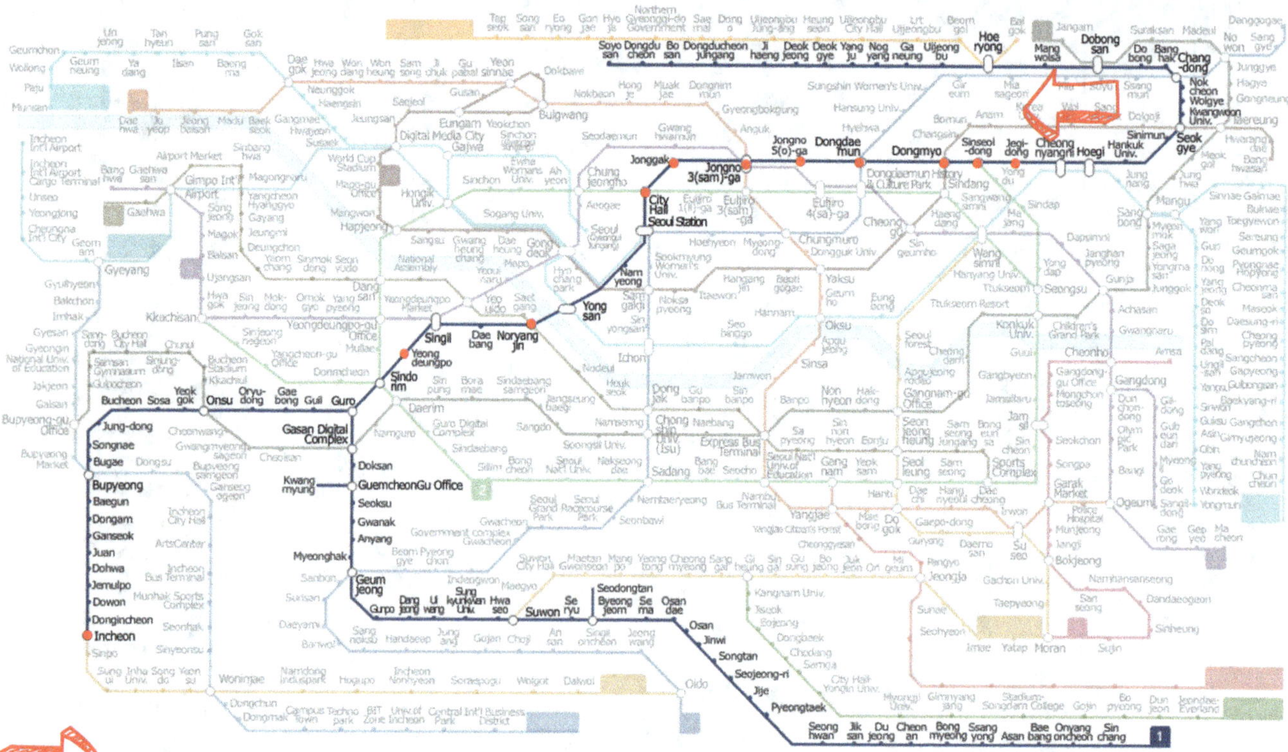

(126)=(211-4) SINSEOLDONG 신설동

- Mercado popular de Seúl 서울풍물시장

(127)=(637) DONGMYO 동묘앞역

- Mercado de pulgas de Dongmyo 동묘 벼룩시장

(128)=(421) DONGDAEMUN 동대문

- Parque Heunginjimun 흥인지문 공원
- Dongdaemun/Heunginjimun 동대문/흥인지문
- Cheonggyecheon 청계천

(129) JONGNO-5(O)-GA 종로5가

- Mercado de Gwangjang 광장시장

(130)=(329)=(534) JONGNO 3(SAM)-GA 종로 3가

- Parque Tapgol 탑골공원
- Santuario real de Jongmyo 종묘
- Galería de instrumentos Nagwon 낙원악기상가

(131) JONGGAK 종각

- Templo Jogyesa 조계사
- Campanario de Bosingak 보신각

(132)=(201) CITY HALL 시청

- Iglesia Jeong Dong Jeil 정동제일교회
- Teatro Nacional Chongdong 정동극장
- Plaza de Seúl 서울광장
- El palacio Deoksugung 덕수궁
- Antigua legación rusa 구 러시아 공사관
- Museo Nacional de Arte Moderno y Contemporáneo 국립현대미술관
- Altar de Hwangudan 환구단

(136)=(917) NORYANGJIN 노량진

- Mercado pesquero de Noryangjin 노량진 수산시장
- Tumbas de los seis mártires de Sayuksinmyo 사육신묘

(139) YEONGDEUNGPO 영등포

- Times Square (Plaza) 타임스퀘어

(161) INCHEON 인천

- Parque temático Wolmi 월미 테마파크
- Incheon Chinatown 차이나타운

Una advertencia sobre los números de las estaciones: utilice el número sólo para identificar su ubicación, ya que un número menor o mayor que otro (por ejemplo, 302 y 803) no significa necesariamente que uno esté más al oeste o al este. Cada línea parte de un punto diferente y tiene recorridos distintos. No suponga que tiene que viajar en el orden ascendente o descendente de los números de estación y compruebe en el mapa la ubicación de cada estación antes de iniciar un viaje.

- El tramo de metro más antiguo de la red de metro de Seúl (inaugurado el 15 de agosto de 1974)
- Cubre una gran parte de la zona de la capital de Seúl. La línea se divide en la estación de Guro Oeste hacia Incheon y este hacia Sinchang
- Número de estaciones: 98
- **Terminales:** Soyosan / Incheon / Sinchang / Gwangmyeong / Seodongtan

Mercado de hierbas medicinales de Gyeongdong 경동시장

Poco después de la Guerra de Corea, los agricultores de varias regiones de Corea del Sur se reunieron para vender sus productos, formando este mercado especializado en ingredientes de medicina coreana, mariscos secos y verduras. En noviembre de 1982 se terminó de construir un nuevo edificio, que introdujo el mayor mercado de ginseng de Corea. También se especializa en medicina oriental. Ahora es muy conocido como atracción turística. En los últimos años, la clientela es tan numerosa como la del mercado pesquero de Noryangjin, y también se han abierto tiendas de ropa (2ª planta del nuevo edificio) y de flores (3ª planta del nuevo edificio).

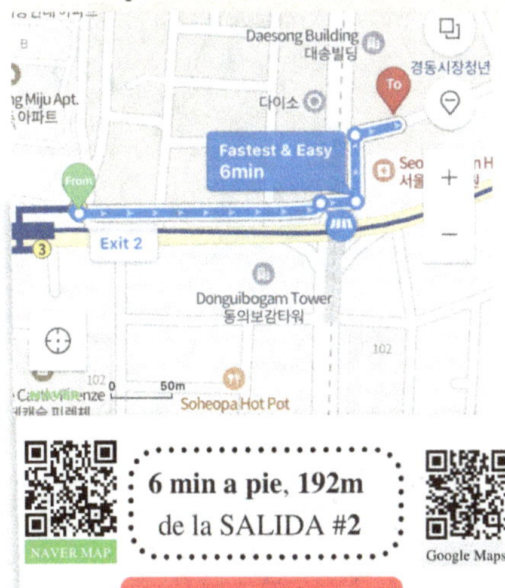

6 min a pie, 192m de la SALIDA #2

LUN-VIE 9 a.m. - 6 p.m.

¡DESCARGA LAS APLICACIONES! PÁGINA 10

Mercado popular de Seúl 서울풍물시장

El mercado Pungmul de Seúl perdió su emplazamiento cuando se llevó a cabo el proyecto de restauración del arroyo Cheonggyecheon, por lo que se trasladó a otro lugar en 2008. El mercado vende artículos para el hogar, recuerdos para turistas, productos locales y comida folclórica. El edificio de dos plantas está repleto de artículos y alimentos que permiten sentir la vida sencilla de los coreanos de antaño. El mercado de Pungmul de Seúl está dividido en siete colores, que abarcan los puestos de comida, las especialidades locales, los artículos de relieve, los muebles tradicionales, los artículos antiguos, los accesorios de moda, la ropa, la caligrafía y el papel coreano. A diferencia de Insadong, no hay productos caros, y también es un campo de visión popular para los turistas extranjeros porque está cerca del arroyo Cheonggyecheon.

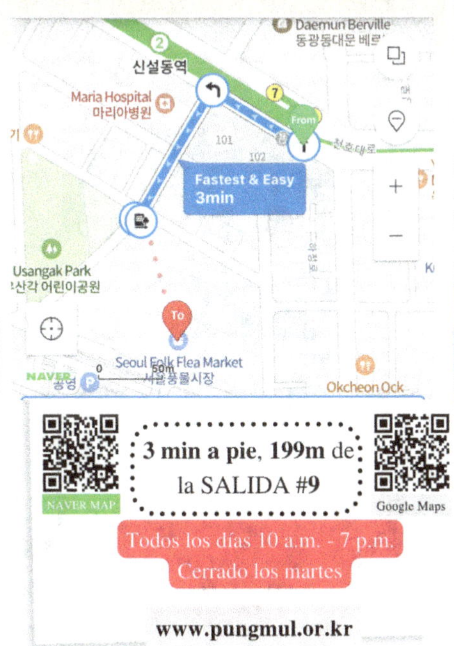

3 min a pie, 199m de la SALIDA #9

Todos los días 10 a.m. - 7 p.m.
Cerrado los martes

www.pungmul.or.kr

Mercado de pulgas de Dongmyo 동묘 벼룩시장

El Mercado de Pulgas de Dongmyo se creó a finales de la década de 1980 y su tamaño se ha reducido mucho en comparación con su reputación, pero sigue siendo una atracción popular donde se reúnen todo tipo de artículos raros. Abarca desde ropa, zapatos y carteras hasta relojes y aparatos electrónicos, incluso libros antiguos y carteles de cine. El artículo más popular es la ropa usada. Los comerciantes suelen contratar la ropa recogida en las cajas de reciclaje de los complejos de apartamentos cada año y la compran por 250 a 300 KRW el kilo. La mayor parte de la ropa tiene un precio de 1.000 KRW, pero las pieles y el cuero tienen un precio de 10.000 won y los artículos de lujo de 100.000 KRW. A medida que se corre la voz, la gente ahorradora visita las provincias y los operadores de los centros comerciales de Internet realizan grandes compras. El mejor momento para comprar es una tarde de fiesta, cuando venden más de 250 vendedores ambulantes.

1 min a pie, 86m de la SALIDA #3

L-V 2 - 8 p.m.
SÁB 8 a.m. - 7 p.m.
DOM 10 a.m. - 9 p.m.

Parque Heunginjimun
흥인지문 공원

Jongno-gu Jong-ro 6-ga 70
서울 종로구 종로6가 70

El Parque Heunginjimun fue creado como parque tras la demolición del Hospital de Dongdaemun de la Universidad Ewha Womans y de las zonas adyacentes a la Hanyangdoseong (Muralla de la Fortaleza de la Ciudad de Seúl), que fue construida en 1396 durante la época de la Dinastía Joseon para proteger la capital Hanyang (la actual Seúl) de los invasores, tiene una altura de 8 metros y se extiende 18,6 km, lo que la convierte en la muralla de la ciudad más larga que existe en el mundo. Rodeando la ciudad de Seúl, la muralla no es una frontera sino un camino que conecta el pasado y el presente de Seúl. El recorrido de 4 km es un paseo fácil.

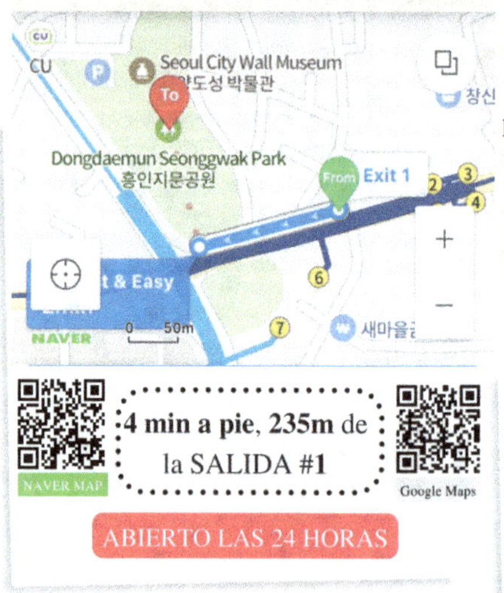

4 min a pie, 235m de la SALIDA **#1**

ABIERTO LAS 24 HORAS

Dongdaemun/Heunginjimun
동대문/흥인지문

Jongno-gu Jong-ro 288
서울 종로구 종로 288

Dongdaemun (que significa "la puerta del este" y su nombre oficial es Puerta de Heunginjimun) es la puerta oriental de la entonces capital de Seúl, construida en 1398. La puerta actual fue reconstruida en 1869. En aquella época se construyeron cuatro puertas y cuatro rumores en la fortaleza de Seúl. La puerta Heunginjimun es la más grande junto con la puerta Sungnyemun de Seúl. Tiene una garita que es donde se alojaba la guardia y, en caso de emergencia, también servía como puesto de mando a cargo de los militares. En el exterior de la garita, los muros de ladrillo y las ventanas de madera ayudaban a prevenir al enemigo. La garita de la puerta de Heunginjimun refleja las características de los edificios del siglo XIX, que tienen una estructura general sencilla pero muchos adornos. Además, se colocó una fortaleza en forma de media luna delante para prevenir a los enemigos. Las luces se encienden por la noche, mostrando una vista diferente a la del día.

3 min a pie, 155m de la SALIDA **#6**

ABIERTO LAS 24 HORAS

Cheonggyecheon
청계천

Jongno-gu Cheonggyecheon-ro 1
서울 종로구 청계천로 1

Antes del proyecto de restauración que se llevó a cabo en 2005, era sólo una vía fluvial abandonada. Ahora es un lugar de recreo público de 10,9 km de longitud situado en el corazón de Seúl, que presume de su belleza natural en medio de la ajetreada vida de la ciudad. Entre los 20 puentes que tiene, Narae y Gwanggyo simbolizan la armonía del pasado y el futuro. Pasa cerca del Palacio Deoksugung, la calle Insadong, el Palacio Changdeokgung y el Palacio Changgyeonggung. Es un hermoso lugar para un agradable paseo, una divertida excursión familiar o una romántica noche de cita. Hay muchos arbustos y vegetación.

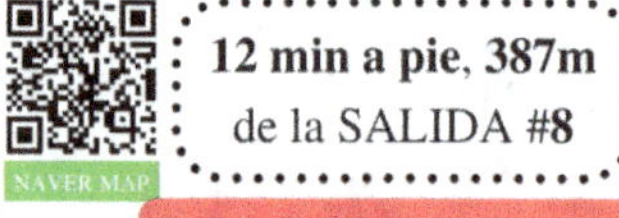 

12 min a pie, 387m de la SALIDA **#8**

ABIERTO LAS 24 HORAS

www.sisul.or.kr/open_content/cheonggye

Mercado de Gwangjang
광장시장

Jongno-gu Changgyeonggung-ro 88
서울 종로구 창경궁로 88

Es uno de los mercados tradicionales más vibrantes de Seúl, y es fácil para los viajeros ir porque está situado en el centro de la ciudad. Este mercado tradicional, con una larga historia, se formó a principios del siglo XX y ofrece diversos artículos como ropa y alimentos. El mercado de alimentos es especialmente famoso. Además del gimbap, puede disfrutar de panqueques variados, tteokbokki y pasteles de pescado que se hacen en el momento a precios razonables. Si le interesa la ropa, también es divertido pasar por la tienda de hanboks, donde podrá ver coloridas prendas tradicionales y una tienda de ropa vintage en la segunda planta.

5 min a pie, 296m
de la SALIDA #8

L-V 9 a.m. - 11 p.m.

www.kwangjangmarket.co.kr

Parque Tapgol
탑골공원

Jongno-gu Jong-ro 99
서울 종로구 종로 99

Actualmente es conocido como un lugar de descanso para los ancianos, pero también es un lugar histórico donde tuvo lugar el movimiento de independencia contra el dominio colonial japonés el 1 de marzo de 1919. Originalmente era el lugar del Templo Wongaksa, pero fue construido como un parque de estilo occidental durante el reinado de Gojong del Imperio Coreano en 1897. Se llamó Parque de la Pagoda y se cambió por el de Tapgol en 1992. Al pasar por la puerta principal del Parque Tapgol, también podrá ver la pagoda de piedra de 10 pisos del Sitio del Templo Wongaksa, Tesoro Nacional nº 2, que se considera una excelente obra maestra gracias a su estilo colorido y único. En el Parque Tapgol no se oyen los gritos de la independencia, pero el significado del día permanece inalterado.

5 min a pie, 338m
de la SALIDA #1

L-V
9 a.m. - 6 p.m.

Santuario real de Jongmyo
종묘

Jongno-gu Hunjeong-dong 1
서울 종로구 훈정동 1

El santuario de Jongmyo es uno de los edificios más refinados y majestuosos como santuario confuciano dedicado a los reyes y reinas de la dinastía Joseon y sus descendientes. Está rodeado de pequeñas montañas y bosques y consta del pabellón Jeongjeon, el pabellón Yeongnyeongjeon y varios anexos necesarios para la preparación de los rituales. En el pabellón se utilizó un mínimo de color y la decoración y la técnica se restringieron al máximo. Esto se debe a que el santuario Jongmyo es un espacio solemne y reverente donde se consagran los espíritus de los antepasados. El Jongmyo Jerye y el Jeryeak (música ritual) se incluyeron en la lista del Patrimonio Inmaterial de la Humanidad de la UNESCO en 2001 como "Obras Maestras del Patrimonio Oral e Inmaterial de la Humanidad" y se gestionan como lista representativa del Patrimonio Cultural Inmaterial de la Humanidad desde 2008.

3 min a pie, 299m
de la SALIDA #11

El horario cambia según la temporada. Compruebe la página de inicio antes de visitarlo.

jm.cha.go.kr

Galería de instrumentos Nagwon
낙원악기상가

Jongno-gu Samil-daero 428
서울 종로구 삼일대로 428

Es el mayor centro comercial de instrumentos musicales de Corea, y cientos de tiendas de instrumentos musicales se concentran en el segundo y tercer piso del edificio. Los visitantes van desde jóvenes estudiantes hasta músicos profesionales. Algunas se especializan en la venta de un solo instrumento, como la guitarra y el piano, y otras tienen varios instrumentos, tanto nuevos como usados. Hay guitarras caras que cuestan casi 10 millones de KRW (7.000 EUR), mientras que también hay guitarras baratas que cuestan decenas de miles de KRW.

Hay accesorios relacionados con los instrumentos musicales y dispositivos de sonido, y hay lugares donde puede hacer reparar sus instrumentos musicales a manos de expertos experimentados. En la cuarta planta hay un "Cine de Plata" para personas mayores y el "Cine Artístico de Seúl", que proyecta películas independientes.

3 min a pie, **104m** de la SALIDA #5

NAVER MAP   Google Maps

TODOS LOS DÍAS
10 a.m. - 7:30 p.m.
Cerrado los Domingo

enakwon.com

Templo Jogyesa
조계사

Jongno-gu Ujeongguk-ro 55
서울 종로구 우정국로 55

El templo Jogyesa es el templo central del budismo coreano. Se dice que el nombre Jogye fue tomado de la montaña Jogyesan, donde estuvo el maestro Hyeneung. Cuenta con el Buda sentado Mokbul del Templo Jogyesa, Bien Cultural Tangible nº 126, del Gobierno Metropolitano de Seúl. El Festival de los Faroles se celebra en los alrededores del templo Jogyesa y en las calles de Jongno en conmemoración del cumpleaños de Buda cada año y es una buena atracción para los turistas ordinarios y extranjeros. No se pierda los diversos eventos y desfiles del festival de las linternas.

7 min a pie, **508m** de la SALIDA #2

NAVER MAP   Google Maps

ABIERTO LAS 24 HORAS

www.jogyesa.kr

Campanario de Bosingak
보신각

Jongno-gu Jong-ro 54
서울 종로구 종로 54

Es un pabellón tradicional hanok de dos pisos hecho para colgar la campana de bronce y tiene una estructura de cinco bahías en el espacio frontal y de cuatro en el lateral. Fue fundado en 1396 y reconstruido en agosto de 1869. Fue designado como Monumento del Gobierno Metropolitano de Seúl nº 10 el 10 de noviembre de 1997, con el nombre del sitio de Bosingak. En la medianoche del 1 de enero se celebra el evento de las campanadas de Año Nuevo, que es el acto de celebración del Año Nuevo más representativo de Corea. Miles de ciudadanos se reúnen frente al pabellón de Bosingak.

1 min a pie, **153m** de la SALIDA #4

NAVER MAP   Google Maps

ABIERTO LAS 24 HORAS

Iglesia Jeong Dong Jeil
정동제일교회

Jung-gu Jeongdong-gil 46
서울 중구 정동길 46

Fundada en 1885 por el misionero estadounidense Henry Appenzeller, es una de las primeras iglesias metodistas de Corea. Junto con la Iglesia Presbiteriana Saemoonan, se la llama la "Madre de las Iglesias" de Corea. La capilla Bethel de la Iglesia fue la primera capilla de estilo occidental en Corea y fue designada como Sitio Histórico Coreano nº 256 en 1977. El primer órgano de tubos de Corea también fue dedicado a la iglesia en 1918, y Jeongdongseongga lideró la cultura musical protestante del país.

6 min a pie, 555m de la SALIDA #1

Compruebe el horario de la iglesia

chungdong.org

Teatro Nacional Chongdong
정동극장

Jung-gu Jeongdong-gil 43
서울 중구 정동길 43

El Teatro Chongdong (Jeongdong) fue creado en 1995 con la misión histórica de restaurar el Wongaksa, el primer teatro moderno de Corea, junto con tres objetivos: el desarrollo y la distribución del arte tradicional, el desarrollo de los movimientos culturales en la vida cotidiana y el fomento de la cultura juvenil. En el momento de su inauguración, comenzó como una sucursal del Teatro Nacional de Corea, pero se convirtió en una corporación completamente independiente en 1997. Cuenta con 400 butacas, y en el centro del escenario se ha instalado un escenario giratorio de 9 metros de diámetro. Además, el escenario de elevación de la orquesta fue creado como un escenario variable que puede ser utilizado como una audiencia móvil de 75 asientos si es necesario. Puede acoger no sólo el arte tradicional sino también las artes escénicas de todos los géneros, como la música, la danza y el teatro.

6 min a pie, 439m de la SALIDA #1

Compruebe el horario de los eventos

www.jeongdong.or.kr

Plaza de Seúl
서울광장

Jung-gu Taepyeong-ro 17-3
서울 중구 태평로2가 17-3

La Plaza de Seúl fue el escenario de numerosos acontecimientos históricos, como el Movimiento de la Independencia del 1 de marzo y el Movimiento Democrático de junio, y fue el lugar donde se celebraron los festivales ciudadanos durante el Mundial de Fútbol de 2002. En la actualidad está abierta a todos los ciudadanos, pero hace poco más de una década que la gente puede entrar en este lugar. Anteriormente, la Plaza de Seúl se llamaba "Plaza frente al Ayuntamiento" y estaba rodeada de coches. La historia de la Plaza de Seúl comenzó en 1897, cuando el rey Gojong huyó de la legación rusa y regresó al Palacio Deoksugung. Para renovar los cimientos del país, el rey Gojong construyó un camino tipo radial centrada frente a la puerta Daehanmun del palacio Deoksugung y construyó una plaza y un altar frente a ella.

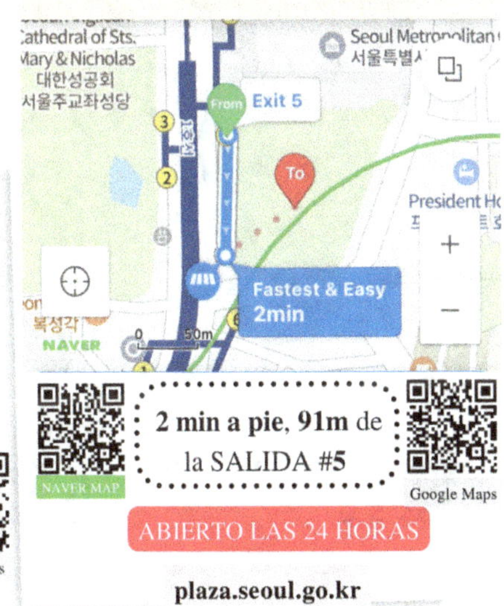

2 min a pie, 91m de la SALIDA #5

ABIERTO LAS 24 HORAS

plaza.seoul.go.kr

El palacio Deoksugung
덕수궁

Jung-gu Sejong-daero 99
서울 중구 세종대로 99

Originalmente este palacio era la casa del príncipe Wolsan pero se convirtió en un palacio real tras la invasión japonesa de Corea en 1592 cuando el rey Seonjo lo tomó temporalmente como residencia real. En 1608, cuando el rey Gwanghae se marchó al recién construido palacio Changdeokgung, llamó a este palacio Gyeongungung. Volvió a utilizarse como palacio real en 1897, cuando el rey Gojong, que se refugiaba en la legación rusa, se trasladó aquí. En 1906, el nombre del palacio Gyeongungung se convirtió en el palacio Deoksugung. Aquí puede encontrar edificios que incorporan tanto estilos tradicionales como occidentales. También existe el mito de que, si se camina por Jeongdonggil, también llamado Paseo de la Piedra de Deoksugung, las parejas se romperán. Frente a la Puerta de Daehanmun se celebra todos los días, a las 11 y a las 14 horas, la "Ceremonia de cambio de portero real", que es una importante atracción turística.

1 min a pie, **80m** de la SALIDA **#2**

Todos los días 9 a.m. - 9 p.m.
Cerrado los lunes.

www.deoksugung.go.kr

Museo Nacional de Arte Moderno y Contemporáneo 국립현대미술관

Jung-gu Sejong-daero 99
서울 중구 세종대로 99

Este edificio se utilizó como museo para celebrar la Exposición de Arte de Joseon después de que el Palacio Deoksugung se abriera al público en 1933. El Museo Nacional de Arte Moderno y Contemporáneo Sucursal Deoksugung se abrió como sucursal en el Palacio Deoksugung en 1998. Como edificio simétrico, tiene un pórtico con columnas corintias. Dentro del espacio en ángulo recto rodeado por las salas este y oeste de la Sala Seokjojeon, hay un jardín con una fuente de bronce. Es el primer jardín de estilo occidental de Corea y todavía sirve como fuente. El banco situado frente al ala oeste, al otro lado del jardín, es el mejor lugar para disfrutar de la fuente.

1 min a pie, **72m** de la SALIDA **#1**

Cerrado los lunes.

www.mmca.go.kr

(Además de esta sucursal de Deoksugung, existen las de Seúl, Gwacheon y Chenongju. Visite la página web para obtener más información).

Antigua legación rusa
구 러시아 공사관

Jung-gu Jeongdong-gil 21-18
서울 중구 정동길 21-18

Este edificio fue el lugar donde se refugió el rey Gojong del Imperio de Corea tras escapar del palacio Gyeongbokgung, controlado por el ejército japonés y el gabinete projaponés, entre 1896 y 1897. La mayor parte de los edificios fueron destruidos durante la Guerra de Corea y hoy sólo quedan el sótano y la pagoda. La estructura es un edificio de ladrillo de dos pisos con una pagoda en un lado, y el estilo es un edificio renacentista con dos ventanas en forma de arco iris y una cabeza de frontón en los cuatro lados. Aunque la mayor parte de la forma original estaba dañada, fue designado como sitio histórico en septiembre de 1977 en consideración a su importancia histórica.

14 min a pie, **870m** de la SALIDA **#2**

ABIERTO LAS 24 HORAS

26

Altar de Hwangudan
환구단

Jung-gu Sogong-ro 106
서울 중구 소공로 106

Situado en los terrenos del Hotel Westin Chosun, fue una estructura chamánica construida para el rito del cielo durante la dinastía Goryeo y Joseon. Fue derruido entre 1464 y 1897 pero fue reconstruido cuando la Dinastía Joseon se convirtió en el Imperio Coreano. Los tres tambores de piedra simbolizan los instrumentos utilizados para los ritos. Es un sitio histórico poco conocido entre los lugareños, lo que lo convierte en un buen lugar para sacar fotos y un sitio para relajarse.

4 min a pie, 169m de la SALIDA #6

ABIERTO LAS 24 HORAS

Mercado pesquero de Noryangjin
노량진 수산시장

Dongjak-gu Nodeul-ro 674
서울 동작구 노들로 674

¿Un lugar de encuentro con el mar en pleno centro de Seúl, que está alejado del mar? Es el Mercado de Pescado de Noryangjin. Aquí se reúnen diversos productos marinos de todo el país y se transportan a los mercados de todo el país mediante subasta. También es el mayor "restaurante de sashimi" de Seúl. Normalmente, se puede ver la subasta en vivo que tiene lugar entre la 1 y las 4 de la mañana para los comerciantes al por mayor. A la hora de comer, está abarrotado de clientes que buscan sashimi fresco, pero también es un lugar de encuentro único para las parejas jóvenes.

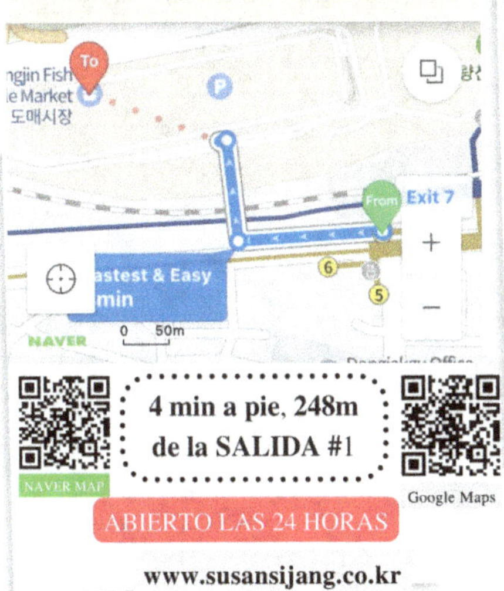

4 min a pie, 248m de la SALIDA #1

ABIERTO LAS 24 HORAS

www.susansijang.co.kr

Tumbas de los seis mártires de Sayuksinmyo 사육신묘

Dongjak-gu Noryangjin-ro 191
서울 동작구 노량진로 191

El sitio de las tumbas es para seis jóvenes mártires que fueron condenados a muerte como resultado de un plan fallido de restablecimiento del rey Danjong de la dinastía Josoen. Este sitio se hizo para conmemorar la lealtad y rectitud de los 6. No es un sitio abrumador, pero siempre es un lugar tranquilo y sereno. Lo mejor es visitarlo durante la primavera, cuando la forsitia y la azalea están en plena floración.

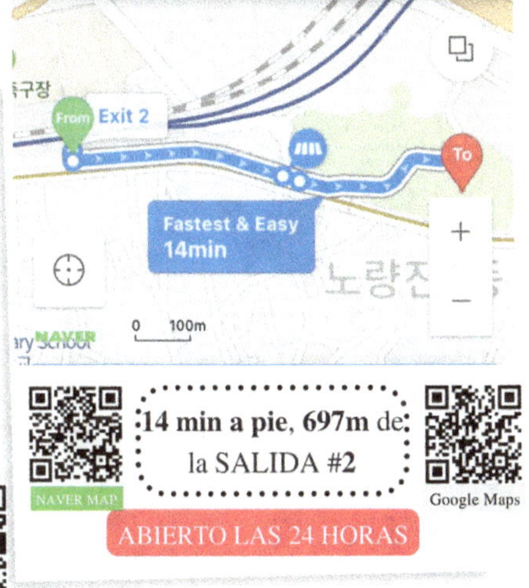

14 min a pie, 697m de la SALIDA #2

ABIERTO LAS 24 HORAS

Times Square (Plaza)
타임스퀘어

Yeongdeungpo-gu, Yeongjung-ro 15
서울 영등포구 영중로 15

Times Square, inaugurado en 2009, es uno de los mayores complejos comerciales de Seúl, con una media de más de 200.000 visitantes al día. Su objetivo es ofrecer una experiencia completa de "malling" y satisfacer las necesidades de estilo de vida como la moda, la cultura, la restauración y el entretenimiento. El atrio principal cuenta con un gran espacio abierto a la azotea de la primera planta con un gran cristal para que se pueda ver el cielo desde todas las plantas de la sala, proporcionando un ambiente agradable. Todos los fines de semana hay diversas actuaciones y actividades en las que pueden participar los visitantes.

5 min a pie, 187m de la SALIDA #5

TODOS LOS DÍAS
10:30 a.m. - 10 p.m.

www.timessquare.co.kr

Parque temático Wolmi
월미 테마파크

Incheon Jung-gu Wolmimunhwa-ro 81
인천 중구 월미문화로 81

Con un excelente paisaje natural, la isla de Wolmido ha sido amada por los lugareños y los turistas desde su apertura en 1992. Desde entonces, ha renacido como una enorme instalación llamada Parque Temático Wolmi en 2009. El Parque Temático Wolmi ha aparecido en varios programas de televisión como "Nos casamos", "Una noche, dos días" y "Running Man", ya que está equipado con increíbles atracciones como Hyper Shots Drops de 70 metros de altura, Tagada Disco y TwoStory Viking, y una noria de 115 metros.

El enorme centro de experiencia lúdica infantil cubierto Chapi Family Park, las instalaciones de juegos acuáticos como los paseos en miniflumen, los barcos acuáticos, los juegos de bolas de agua y las salas de cine en 4D son lugares en los que pueden disfrutar desde los niños hasta los adultos.

39 min a pie, 2.4km de la SALIDA #1

L-V 10 a.m. - 10 p.m.
FIN DE SEMANA 10 a.m. - 10:30 p.m.

www.my-land.co.kr

Incheon Chinatown
차이나타운

Incheon Jung-gu Chinataun-ro 26 beon-gil 12-17
인천 중구 차이나타운로26번길 12-17

El barrio chino de Incheon se creó cuando se abrió el puerto de Incheon en 1883 y fue designado como zona extraterritorial de la dinastía Qing en 1884. En el pasado, la mayoría de las tiendas vendían productos importados de China, pero ahora la mayoría de ellas están formadas por restaurantes chinos. El barrio chino es el lugar donde más vivían los chinos en Corea en el pasado. Hoy en día, es famoso por las decenas de restaurantes, panaderías y cafés chinos, y hay muchas atracciones como la calle del Mural de Samgukji, el Parque de la Libertad y el Pueblo Donghwa. Si lo visita el fin de semana, podrá ver a los turistas que llenan las calles y largas colas de gente frente a muchos restaurantes chinos famosos.

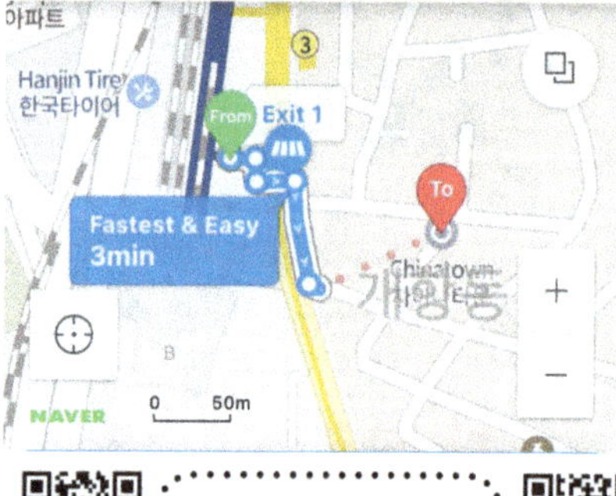

3 min a pie, 108m de la SALIDA #1

ABIERTO LAS 24 HORAS

Para llegar más rápido, puede
* Subirse al autobús n.º 45 en la parada frente a la estación de Incheon y
* Bajarse en la parada del parque temático Wolmi. (Se acepta T-Money).

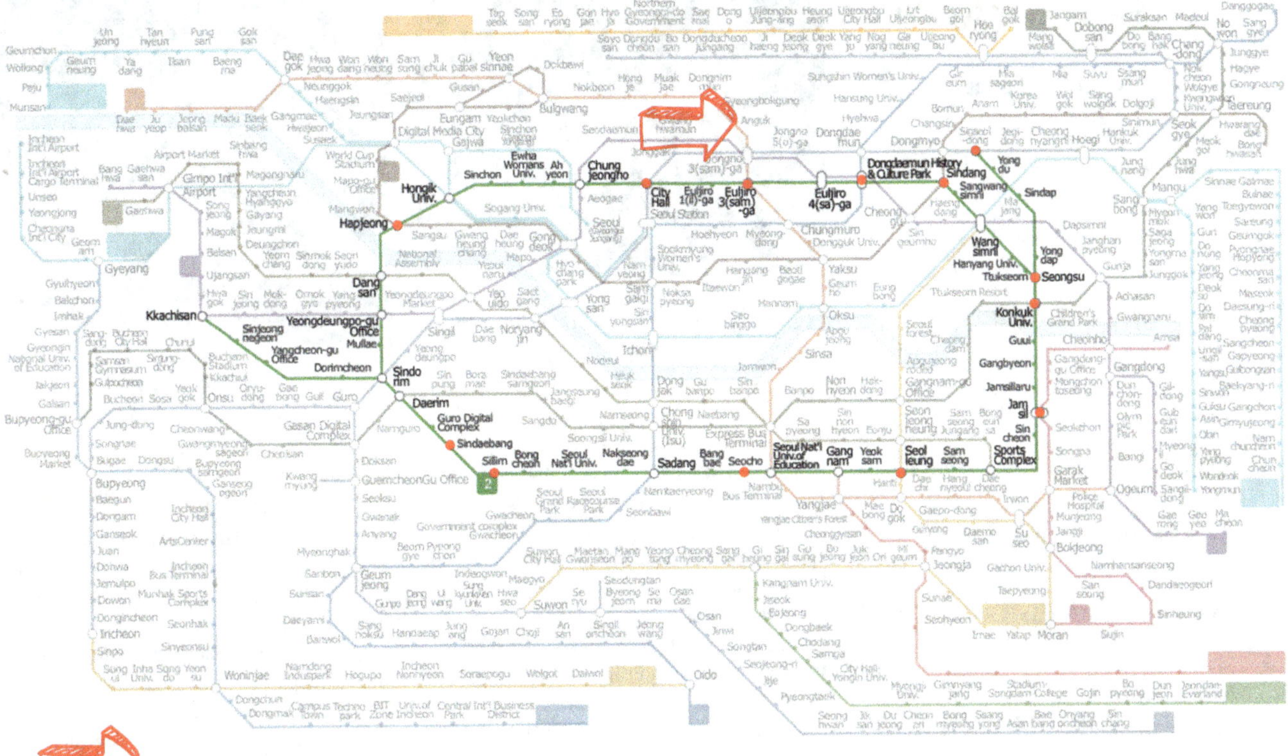

---

(201)=(132) CITY HALL 시청

- Iglesia Jeong Dong Jeil 정동제일교회
- Teatro Nacional Chongdong 정동극장
- Plaza de Seúl 서울광장
- El palacio Deoksugung 덕수궁
- Antigua legación rusa 구 러시아 공사관
- Museo Nacional de Arte Moderno y Contemporáneo 국립현대미술관
- Altar de Hwangudan 환구단

(220) SEOLLEUNG 선릉

- Tumbas reales de Seonjeongneung 서울 선릉과 정릉

(238)=(622) HAPJEONG 합정

- Cementerio de misioneros extranjeros de Yanghwajin 양화진외국인선교사묘원
- Santuario de los mártires de Jeoldusan 절두산 성지
- Mecenatpolis Mall (Centro comercial) 메세나폴리스몰

(203)=(330) EULJIRO 3(SAM)-GA 을지로 3가

- Iglesia presbiteriana de Youngnak 영락교회

(206)=(635) SINDANG 신당

- Mercado de pulgas de Hwanghakdong 황학동 벼룩시장
- Chungmu Art Center 충무 아트센터
- Sindangdong Tteokbokki Town 신당동 떡볶이타운

(224) SEOCHO 서초

- Sillim-dong Sundae Town 신림동 순대타운

(205) DONGDAEMUN HISTORY & CULTURE PARK 동대문역사문화공원

- Plaza Digital de Dongdaemun (DDP) 동대문 디지털 플라자
- La Ciudad de la Moda de Dongdaemun 동대문 패션타운

(210) TTUKSEOM 뚝섬

- Bosque de Seúl 서울숲

(212)=(727) KONKUK UNIV. 건대입구

- Common Ground 커먼그라운드

(230) SILLIM 신림

- Pueblo de Seorae y Parque de Montmartre 서래마을 & 몽마르뜨 공원

(211-4)=(126) SINSEOLDONG 신설동

- Mercado popular de Seúl 서울풍물시장

(216)=(814) JAMSIL 잠실

- Lotte World 롯데 월드
- Monumento de piedra de Samjeondobi 삼전도비

(231) SINDAEBANG 신대방

- Parque Boramae 보라매 공원

- La línea más utilizada de Seúl a menudo está abarrotada de gente espalda con espalda.
- Línea circular el recorrido en el sentido de las agujas del reloj se llama "círculo interior", y en el sentido contrario se llama "círculo exterior".
- Es el segundo bucle más largo del mundo (60,2 km).
- Conecta el centro de la ciudad con Gangnam, el Valle de Teherán y el complejo COEX/KWTC Número de estaciones 51.
- Terminales: Ayuntamiento / Seongsu / Ayuntamiento de Sindorim / Sinseoldong / Kkachisan.

**Iglesia Jeong Dong Jeil
정동제일교회**

6 min a pie, 555m de la SALIDA #1

**Teatro Nacional Chongdong
정동극장**

6 min a pie, 439m de la SALIDA #1

**Plaza de Seúl
서울광장**

2 min a pie, 91m de la SALIDA #5

**El palacio Deoksugung
덕수궁**

1 min a pie, 80m de la SALIDA #2

**Antigua legación rusa
구 러시아 공사관**

14 min a pie, 870m de la SALIDA #2

Museo Nacional de Arte Moderno y Contemporáneo 국립현대미술관

1 min a pie, 72m de la SALIDA #1

**Altar de Hwangudan
환구단**

4 min a pie, 169m de la SALIDA #6

Estos lugares ya están introducidos en las páginas anteriores.

(203)=(330) EULJIRO 3(SAM)-GA 을지로 3가

**Iglesia presbiteriana de Youngnak
영락교회**

Jung-gu, Supyo-ro 33
서울 중구 수표로 33

Fundada en Seúl en 1945 por KyungChik Han e inaugurada por 27 refugiados de la Corea ocupada por los soviéticos por encima del paralelo 38, su número de miembros aumentó constantemente a medida que llegaban más refugiados en busca de libertad religiosa. Cuando el rev. Han fue galardonado con el Premio Templeton al Progreso de la Religión en 1992, el número de miembros alcanzó los 60.000, convirtiéndola en la mayor congregación presbiteriana del mundo. El edificio de estilo neogótico fue un refugio para los refugiados perseguidos. No es de gran tamaño, pero es una gran visita junto con la catedral católica de Myeongdong, justo al otro lado de la calle.

8 min a pie, 324m de la SALIDA #6

TODOS LOS DÍAS 6 a.m. - 11 p.m.
Cerrado los lunes.

www.youngnak.net

(205) DONGDAEMUN HISTORY & CULTURE PARK 동대문역사문화공원

**Dongdaemun Digital Plaza (DDP)
동대문 디지털 플라자**

Jung-gu, Eulji-ro 281
서울 중구 을지로 281

¿Acaba de aterrizar un ovni en Seúl? Este edificio futurista seguro que le proporcionará una experiencia única. Es un importante hito urbano diseñado por Zaha Hadid y Samoo. Incorpora un diseño neofuturista que se distingue por sus formas alargadas y curvas. Situado en el centro del núcleo de la moda y popular destino turístico de Seúl, Dongdaemun, cuenta con un parque transitable en sus tejados, espacios de exposición, tiendas futuristas y partes restauradas de la fortaleza de Seúl. Hay tres edificios separados, así que asegúrese de visitarlos todos.

1 min a pie, 35m de la SALIDA #1

Todos los días 10 a.m. - 8 p.m.

www.ddp.or.kr

Dongdaemun Fashion Town
동대문 패션타운

Jung-gu, Jangchungdan-ro 263
서울 중구 장충단로 263

La Ciudad de la Moda de Dongdaemun, designada como zona turística especial en 2002, es un lugar donde coexisten mercados tradicionales como el Mercado de Gwanghui y el Mercado de Pyeonghwa, tiendas mayoristas emergentes como Golden Town y Appm, y grandes centros comerciales complejos como Duta, Migliore y Good Morning City. Hay unos 30 grandes centros comerciales y 35.000 tiendas individuales. En un radio de 1 km, se lleva a cabo todo, desde la planificación hasta la producción y venta de productos. La escala es tan enorme que no se puede visitar todo en un día. Gracias a ello, ahora es muy popular no sólo entre los coreanos sino también entre los turistas extranjeros.

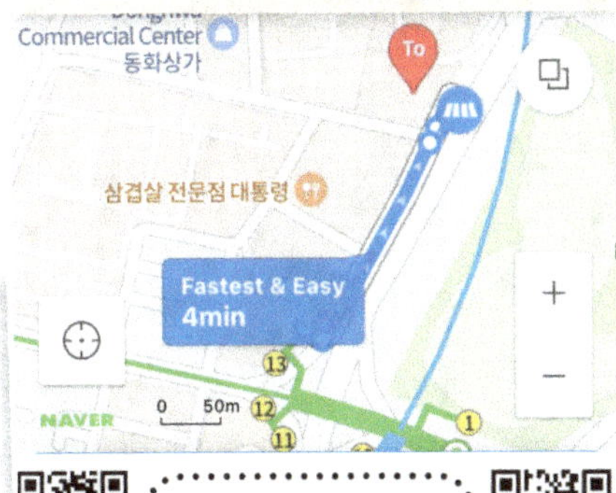

4 min a pie, 208m de la SALIDA #14

Google Maps

Cada centro comercial tiene su propio horario, pero normalmente es de 10:30 a.m. a medianoche. Algunos cierran los lunes.

Mercado de pulgas de Hwanghakdong 황학동 벼룩시장

Jung-gu Majang-ro 5-gil 11-7
서울 중구 마장로5길 11-7

Más conocido entre los lugareños como el "mercado de todo" debido a su amplia gama de artículos de segunda mano disponibles para la venta, desde antigüedades hasta aparatos electrónicos. Es comprensible que se le conozca como el paraíso de los coleccionistas de antigüedades. Si tiene suerte, podrá encontrar grandes artículos con un gran descuento. Un poco de regateo puede conseguirle un trato aún mejor (¡Pruébelo! ¡Es divertido!).

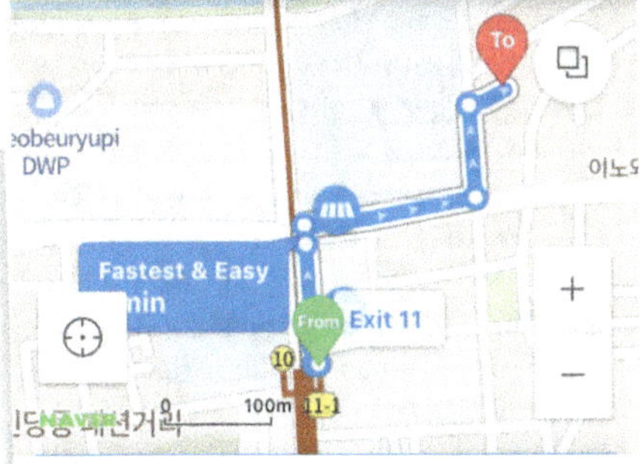

6 min a pie, 392m de la SALIDA #11

NAVER MAP

Google Maps

Generalmente todos los días 10 a.m. - 6/7 p.m.

Chungmu Art Center
충무 아트센터

Jongno-gu Changgyeonggung-ro 88
서울 종로구 창경궁로 88

Es un complejo cultural situado en Junggu, Seúl, que lleva el nombre del título póstumo Chungmu del almirante Yi Sunshin, que nació en Inhyeondong, en el mismo distrito. Es conocido por su magnífico ambiente para ver diversas actuaciones como música clásica, obras de teatro y musicales. Además, hay una galería, un espacio polivalente, una sala de convenciones, una sala de prácticas de orquesta, una sala de prácticas de grupos artísticos locales, un estudio para la práctica de actuaciones, un espacio educativo para la academia de arte, e instalaciones deportivas como una sala de prácticas de golf, una piscina, un gimnasio, una sala de aeróbic y una sala de duchas, así como instalaciones auxiliares.

2 min a pie, 105m de la SALIDA #9

NAVER MAP

Google Maps

Todos los días 9 a.m. - 10 p.m. Cerrado los lunes.

www.caci.or.kr

Mercado popular de Seúl
서울풍물시장

3 min a pie, 199m de la SALIDA #9

Este lugar ya está introducido en las páginas anteriores.

Sindangdong Tteokbokki Town
신당동 떡볶이타운

Jung-gu Sindang-dong 304-684
서울 중구 신당동 304-684

Elaborado con pastel de arroz blando y masticable y aderezado con salsa de gochujang (pasta de pimiento picante) picante y dulce, es una de las comidas callejeras más favorecidas de Corea, a menudo servida con huevos duros, fideos ramyun (instantáneos) y pasteles de pescado. Su historia se remonta a la dinastía Joseon. La historia registra que se disfrutaba en el palacio real, y se sigue consumiendo hoy en día. Debido a su adictivo sabor, hay restaurantes de franquicia con el nombre de "tteobokki narcótico".

Bosque de Seúl
서울숲

Seongdong-gu Ttukseom-ro 273
서울 성동구 뚝섬로 273

El Bosque de Seúl, inaugurado en 2005, se está convirtiendo en un relajante lugar de descanso para los ciudadanos. El Bosque de Seúl está dividido en cinco parques temáticos, que incluyen el Parque de la Cultura y las Artes, el Bosque Ecológico, el Centro de Aprendizaje de la Experiencia de la Naturaleza, el Centro Ecológico de los Humedales y el Parque de la Ribera de Hangang. El Parque de la Cultura y las Artes cuenta con estatuas y zonas de juegos forestales. El bosque ecológico combina animales y plantas silvestres, mientras que el Centro de Aprendizaje de la Experiencia de la Naturaleza está compuesto por un Bosque de los Guardianes y un Jardín Botánico de Insectos. El Centro de Ecología de los Humedales ofrece bosques y zonas de juego naturales, así como clases al aire libre. El parque Hangang Waterfront cuenta con un carril bici y un muelle para el crucero del río Hangang, lo que lo convierte en un gran lugar para salir.

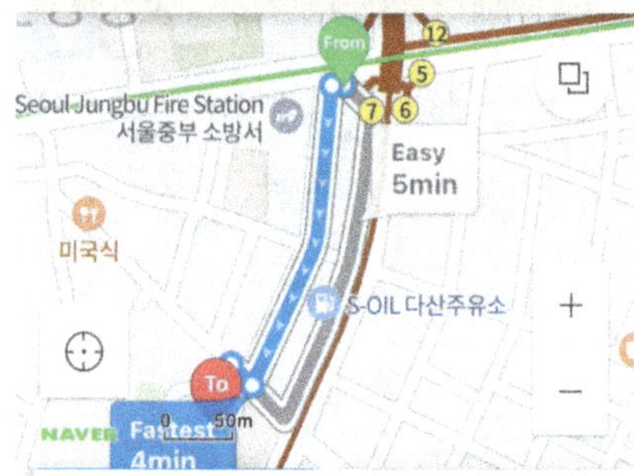

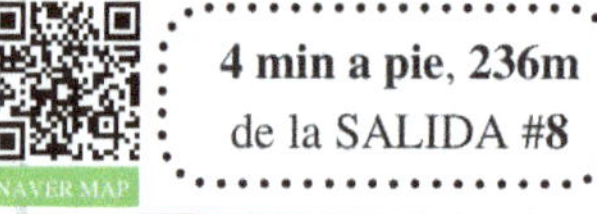

4 min a pie, 236m de la SALIDA #8

ABIERTO LAS 24 HORAS

9 min a pie, 529m de la SALIDA #8

ABIERTO LAS 24 HORAS

parks.seoul.go.kr/template/sub/seoulforest.do

Common Ground
커먼그라운드

Gwangjin-gu, Achasan-ro 200
서울 광진구 아차산로 200

Como el mayor centro comercial popup de contenedores del mundo, Kolon FnC lo creó en 2015 utilizando más de 200 grandes contenedores. Las icónicas cajas de contenedores azules están conectadas mediante pernos. En su interior hay centros comerciales de marcas deportivas, hamburguesas artesanales, pasta y cafés para el brunch. También se considera uno de los tres principales destinos turísticos de arquitectura de contenedores en Seúl. Siguiendo el eslogan de "Fábrica de Cultura Joven", donde coexisten marcas con sensibilidad cultural joven de todo el mundo y diseñadores con talento de Corea, los visitantes de este lugar son principalmente jóvenes de entre 20 y 30 años, y también lo visitan muchos turistas extranjeros.

Lotte World
롯데 월드

Songpa-gu Ollimpik-ro 240
서울 송파구 올림픽로 240

Visitado por más de 7 millones de personas cada año, es un megacomplejo recreativo con el mayor parque temático cubierto del mundo. Alberga varias instalaciones, como centros comerciales, un hotel de lujo, un museo folclórico coreano, instalaciones deportivas y cines. También alberga la mayor pista de hielo de Corea. En el interior del parque se celebran diversos espectáculos, que pueden disfrutarse sin coste alguno. La "Isla Mágica" es una isla artificial situada en el interior de un lago comunicado por un monorraíl. Es un gran parque de atracciones/centro comercial para personas de todas las edades. Le mantendrá entretenido durante todo el día. Descargue la aplicación "Magic Pass" para evitar las largas colas.

Monumento de piedra de Samjeondobi
삼전도비

Songpa-gu Songpanaru-gil 256
서울 송파구 송파나루길 256

Es un monumento erigido para marcar la sumisión de la dinastía Joseon a la dinastía Qing en 1636 como resultado de la segunda invasión manchú, donde el rey Injo tuvo que inclinarse ceremoniosamente ante Hong Taiji de la dinastía Qing nueve veces como sirviente. El Tratado de Samjeondo exigía que sus hijos primero y segundo fueran tomados como cautivos y que la dinastía Joseon se convirtiera en un estado tributario. Se trata de una pieza importante de la historia (desgraciada) de Corea. Merece la pena hacer una visita rápida si está en la ciudad (Lotte World y Lago Seokchon).

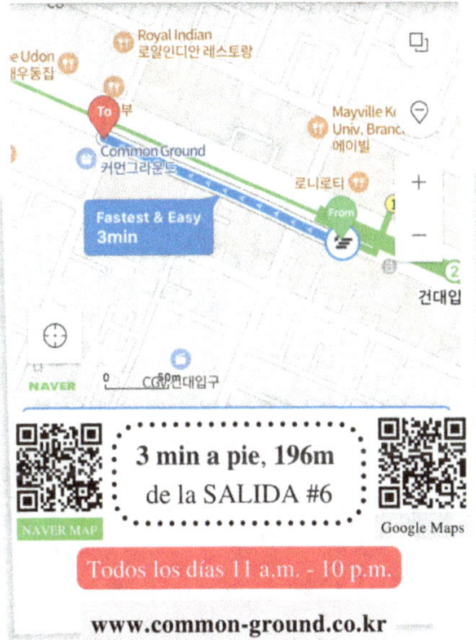

www.common-ground.co.kr

www.lotteworld.com

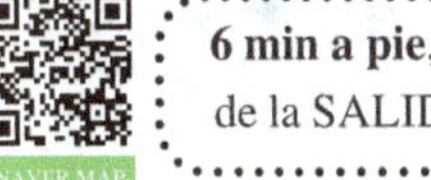

Tumbas reales de Seonjeongneung
서울 선릉과 정릉

Gangnam-gu Samseong-2-dong 100-gil 1
서울 강남구 삼성2동 선릉로100길 1

Las tumbas reales de Seonneung y Jeongneung son tumbas reales en las que descansan el rey Seongjong, el noveno rey de la dinastía Joseon, la reina Jeonghyeon y el rey Jungjong de la dinastía Joseon. Este lugar es históricamente significativo, pero la naturaleza verde está bien conservada para ser llamada "el bosque en la ciudad". Cuando entre en las tumbas reales de Seonneung y Jeongneung, le sorprenderá su espacio considerablemente grande. En particular, el camino del bosque que va de Jeongneung, la tumba del rey Jungjong, a Seonneung, donde duermen el rey Seongjong y la reina Jeonghyeon, es amplio. Se encontrará con ciudadanos que caminan por el sendero que conecta las tumbas y con los que descansan bajo la sombra de un hermoso árbol. Es un bosque relajante donde puede tomarse un descanso en medio de una ciudad compleja.

Fue incluido en la lista del Patrimonio Mundial de la UNESCO en 2009.

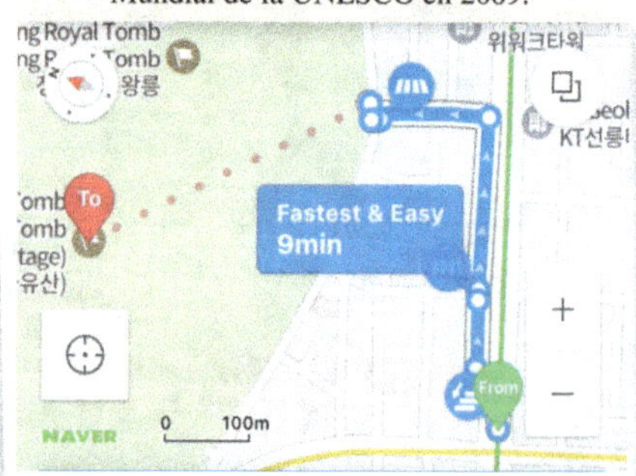

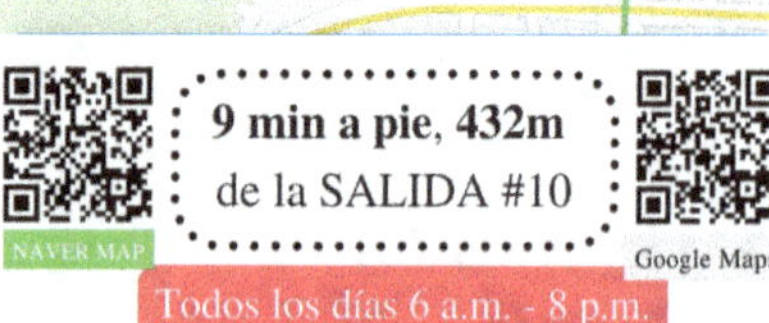

9 min a pie, 432m de la SALIDA #10

Google Maps

Todos los días 6 a.m. - 8 p.m.
Cerrado los lunes.

tombs.cha.go.kr

Pueblo de Seorae y Parque de Montmartre 서래마을 & 몽마르뜨 공원

Seocho-gu, Seocho-dong, San177-3
서울 서초구 서초동 산177-3

El parque era originalmente una colina arbolada de acacias, pero en el año 2000, la Jefatura Metropolitana de Obras Hidráulicas de Seúl ejecutó un proyecto de drenaje para suministrar agua corriente a la zona de Banpo, creando un "Parque Montmartre" para proporcionar áreas de descanso a los residentes mediante consultas con el Gobierno Metropolitano de Seúl. En particular, el parque se llamó "Parque de Montmartre" porque muchos franceses vivían en el cercano pueblo de Seorae, y la carretera de acceso al pueblo se llamaba carretera de Montmartre. En el pueblo de Seorae hay una escuela internacional francesa, así como muchas panaderías francesas.

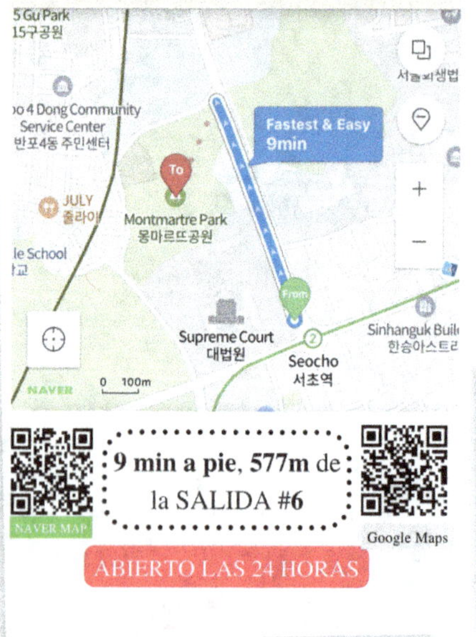

9 min a pie, 577m de la SALIDA #6

Google Maps

ABIERTO LAS 24 HORAS

Sillim-dong Sundae Town
신림동 순대타운

Gwanak-gu, Sillim-ro 59-gil 14
서울 관악구 신림로 59길 14

El primer lugar que le viene a la mente cuando piensa en Sillimdong es Sundae Town. Los vendedores ambulantes de Sundae se formaron y operaron de forma natural en la década de 1960, pero cuando se construyó el edificio de la Ciudad del Sundae Folk en 1992, las casas de Sundae dispersas en el mercado tradicional se trasladaron a un solo lugar, formando la actual Ciudad del Sundae.

A diferencia de los helados ordinarios, los baeksundae (sencillos) y los helados picantes salteados con pasta de pimiento rojo, varias verduras y condimentos mezclados con intestinos de ternera son famosos en Sillimdong, y los jóvenes suelen visitarlos para comer deliciosos helados a precios asequibles. Algunos restaurantes también ofrecen menús únicos con calamares y callos salteados.

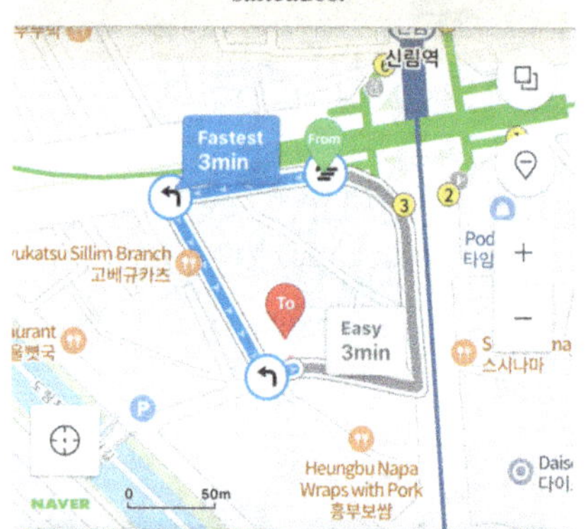

3 min a pie, 175m de la SALIDA #4

Google Maps

Cada restaurante tiene su propio horario comercial, pero normalmente de 10 a.m. - Pasada la medianoche.

Parque Boramae
보라매 공원

Dongjak-gu Sindaebang-dong 395
서울 동작구 신대방동 395

El Parque Boramae se inauguró el 5 de mayo de 1986, tras reparar el lugar que dejó la Academia de las Fuerzas Aéreas el 20 de diciembre de 1985, y se convirtió en el nombre actual del parque tras tomar el símbolo de la Academia de las Fuerzas Aéreas, Boramae (un halcón joven).

El parque Boramae, que representa la parte suroeste de Seúl, es muy querido como espacio de descanso, ejercicio y cultura para muchos ciudadanos ya que está en contacto con Dongjak-gu así como con Gwanak-gu y Yeongdeungpo-gu.

Sorprendente espectáculo de fuentes de agua durante :

5.1 ~ 9.30
12:00 ~ 12:50 / 17:00 ~ 17:20
19:00 ~ 19:20 (iluminado)
20:00 ~ 20:20 (iluminado)
*Hora sujeta a cambios

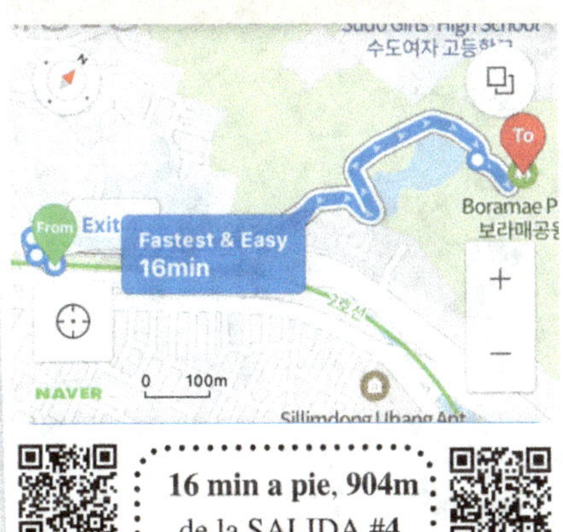

16 min a pie, 904m
de la SALIDA #4

ABIERTO LAS 24 HORAS

parks.seoul.go.kr/template/sub/boramae.do

Cementerio de misioneros extranjeros de Yanghwajin 양화진외국인선교사묘원

Mapo-gu Yanghwajin-gil 46
마포구 양화진길 46

Desde el final de la dinastía Joseon hasta la época colonial japonesa, llegaron a Corea unos 1.500 misioneros extranjeros. Se dedicaron principalmente a la medicina, la educación y las obras de caridad a pesar del decreto de prohibición cristiana de la dinastía Joseon. Esperaban ser enterrados en Corea incluso después de su muerte, por lo que se creó este cementerio. Situado junto al lugar sagrado católico de la montaña Jeoldusan, Yanghwajin representa la historia de la agitación de la época, incluyendo la ejecución de católicos y la decapitación de Kim Okkyun, miembro de la Ilustración. Un total de 417 misioneros de 15 países, incluidos 145 primeros misioneros y sus familias, son enterrados, así como 555 tumbas de personas que trabajaron para modernizar Corea.

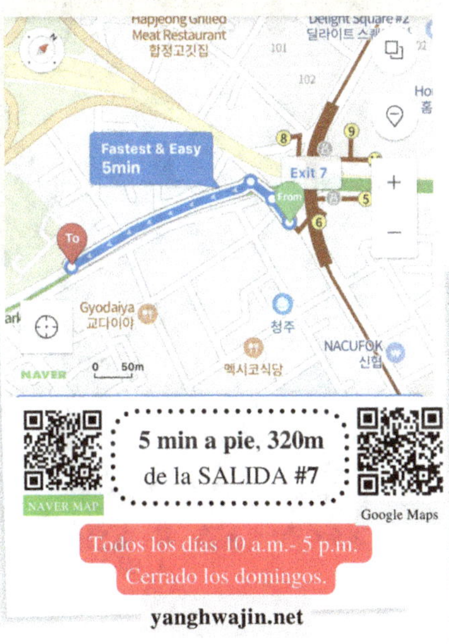

5 min a pie, 320m
de la SALIDA #7

Todos los días 10 a.m.- 5 p.m.
Cerrado los domingos.

yanghwajin.net

Santuario de los mártires de Jeoldusan
절두산 성지

Mapo-gu, Tojeong-ro 6
서울 마포구 토정로 6

Desde el final de la dinastía Joseon hasta la época colonial japonesa, llegaron a Corea unos 1.500 misioneros extranjeros. Se dedicaron principalmente a la medicina, la educación y las obras de caridad a pesar del decreto de prohibición cristiana de la dinastía Joseon. Esperaban ser enterrados en Corea incluso después de su muerte, por lo que se creó este cementerio. Situado junto al lugar sagrado católico de la montaña Jeoldusan, Yanghwajin representa la historia de la agitación de la época, incluyendo la ejecución de católicos y la decapitación de Kim Okkyun, miembro de la Ilustración. Un total de 417 misioneros de 15 países, incluidos 145 primeros misioneros y sus familias, fueron enterrados, así como 555 tumbas de personas que trabajaron para modernizar Corea.

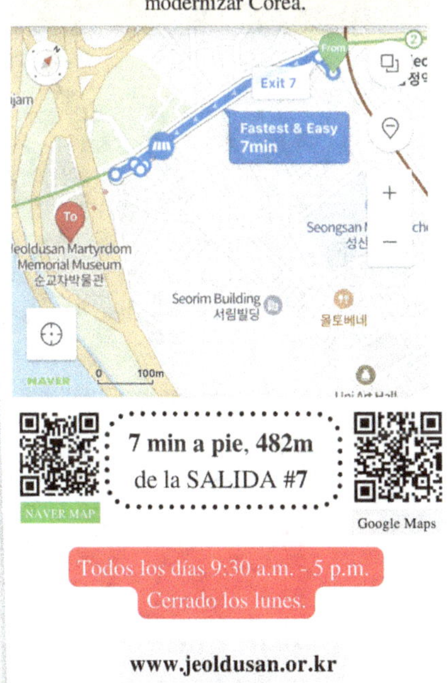

7 min a pie, 482m
de la SALIDA #7

Todos los días 9:30 a.m. - 5 p.m.
Cerrado los lunes.

www.jeoldusan.or.kr

(238)=(622) HAPJEONG 합정

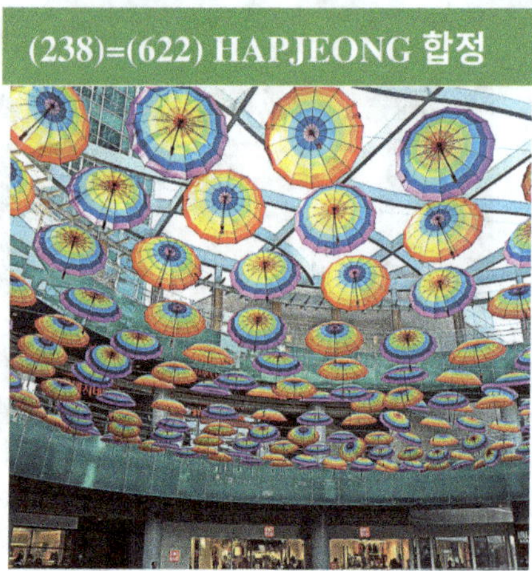

Mecenatpolis Mall (Centro comercial)
메세나폴리스몰

Mapo-gu, Yanghwa-ro 45
서울 마포구 양화로 45

Se trata de un complejo comercial y residencial de gran altura con 34 plantas sobre el suelo y siete plantas bajo el suelo. Hay espacios culturales como el cine Lotte y Homeplus, varios restaurantes, cafés, centros comerciales y centros de arte en el complejo de apartamentos, por lo que puede comprar y comer cómodamente. El metro también está conectado directamente, lo que facilita los desplazamientos.

NAVER MAP

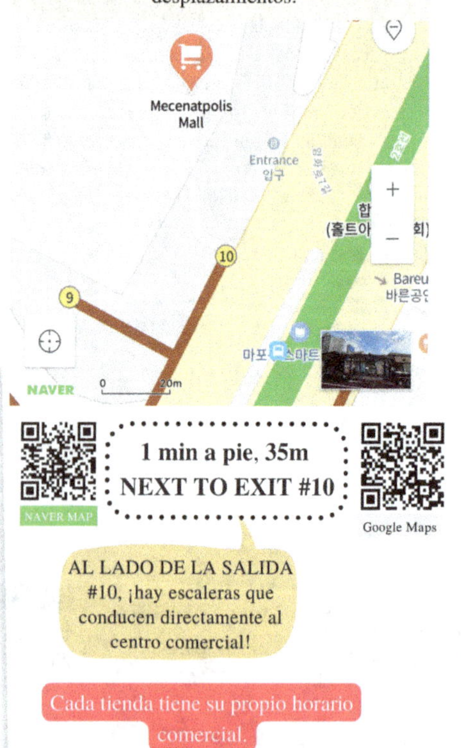

1 min a pie, 35m
NEXT TO EXIT #10

Google Maps

AL LADO DE LA SALIDA #10, ¡hay escaleras que conducen directamente al centro comercial!

Cada tienda tiene su propio horario comercial.

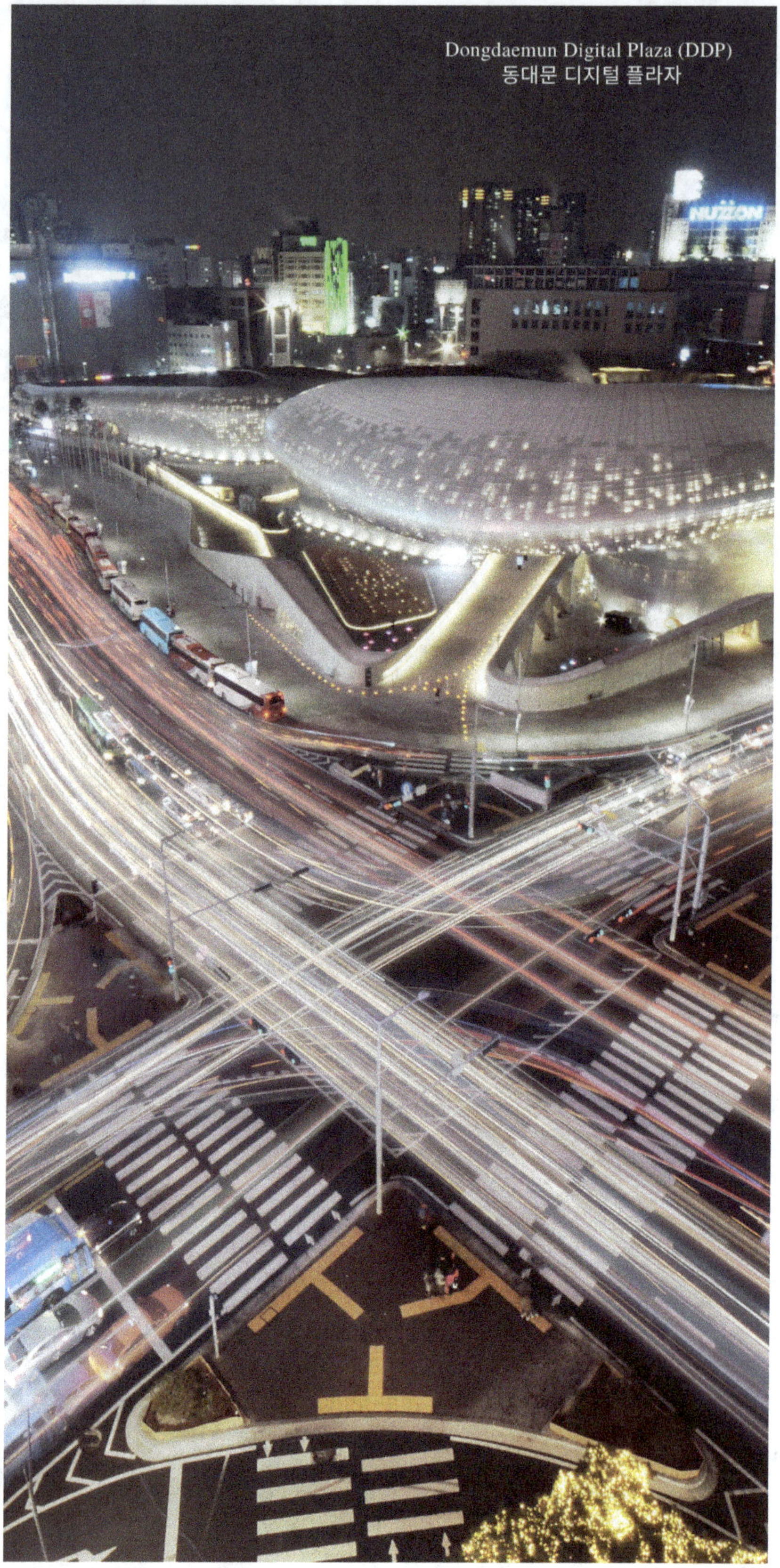

Dongdaemun Digital Plaza (DDP)
동대문 디지털 플라자

Linea #3 삼호선 *sam-ho-seon* 3

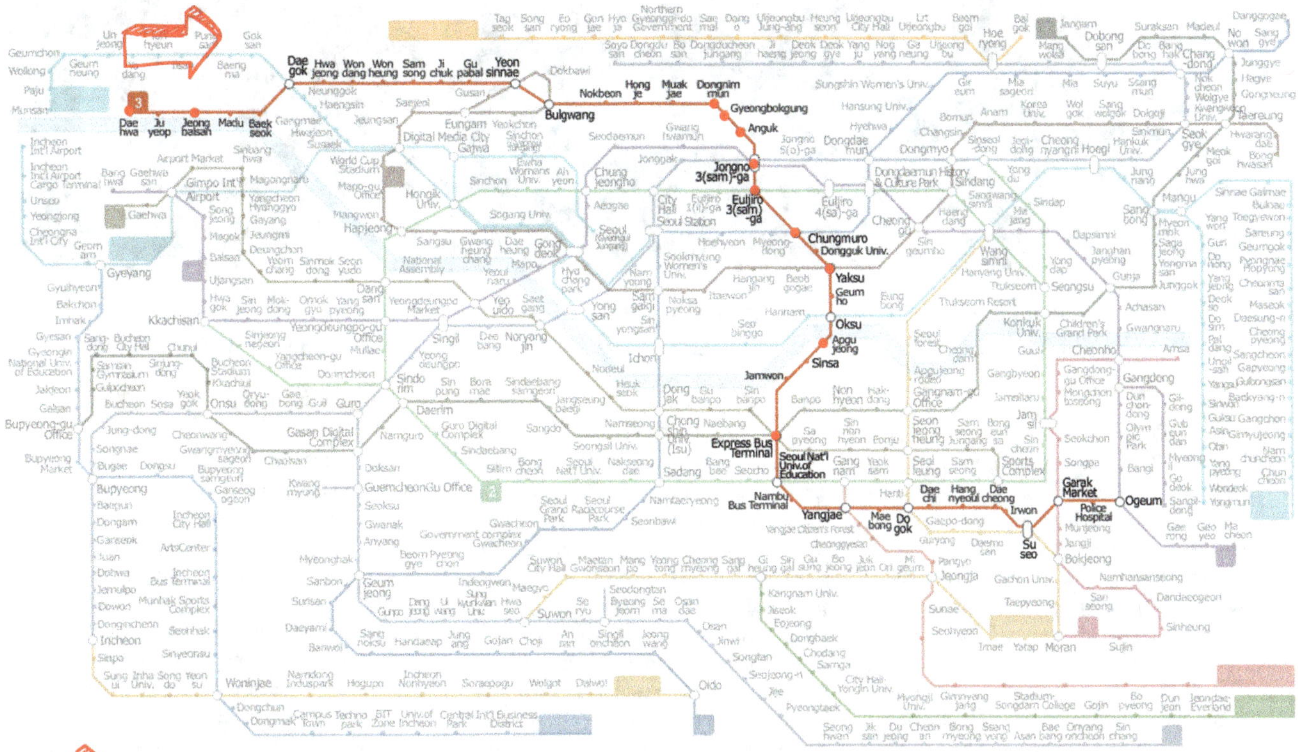

(309) DAEHWA (KINTEX) 내화

- Korea International Exhibition Center (KINTEX) 일산 킨텍스

(311) JEONGBALSAN 정발산

- Parque del Lago Ilsan 일산 호수공원

(326) DONGNIMMUN 독립문

- Sala de Historia de la Prisión de Seodaemun 서대문 형무소
- Puerta de Dongnimmun 독립문

(327) GYEONGBOKGUNG 경복궁

- Palacio de Gyeongbokgung 경복궁
- Cheongwadae 청와대

(328) ANGUK 안국

- Museo Folclórico Nacional de Corea 국립민속박물관
- Palacio Changdeokgung 창덕궁
- Palacio Changgyeonggung 창경궁
- Aldea Hanok de Bukchon 북촌 한옥마을
- El camino del café de Samcheongdong 삼청동 카페 거리
- Insadong Ssamzi Gil (Distrito comercial de la artesanía) 인사동 쌈지길

(329)=(534)=(130) JONGNO 3(SAM)-GA 종로 3가

- Parque Tapgol 탑골공원
- Santuario real de Jongmyo 종묘
- Galería de instrumentos Nagwon낙원악기상가

(330)=(203) EULJIRO 3(SAM)-GA 을지로 3가

- Iglesia presbiteriana de Youngnak 영락교회

(331)=(423) CHUNGMURO 충무로

- Pueblo Namsangol Hanok 남산골 한옥 마을

(332) DONGGUK UNIVERSITY 동대입구

- Callejón Jokbal (Manitas de cerdo al vapor) 장충동 족발 골목

(336) APGUJEONG 압구정

- Calle Kstar (K-Star Road) 케이스타 로드
- Apgujeong Rodeo Street (La calle Rodeo de Apgujeong) 압구정 로데오 거리
- Sinsadong Garosu-gil 신사동 가로수길

(339)=(734)=(923) EXPRESS BUS TERMINAL 고속터미널

- GOTO Mall (complejo comercial subterráneo de la terminal de Gangnam) 고투몰
- Sebit Seom (Isla Flotante) 세빛섬
- Central City 센트럴 시티

- **En 2010, registró el 2º mayor consumo de datos WIFI en el área metropolitana de Seúl.**
- **Número de estaciones: 44**
- **Terminales: Daehwa / Ogeum**

(309) DAEHWA (KINTEX) 대화

Korea International Exhibition Center (KINTEX) 일산 킨텍스

Goyang-shi, Ilsanseo-gu, Kintex-ro 217-60
경기 고양시 일산서구 킨텍스로 217-60

El KINTEX es el mayor centro de exposiciones y convenciones de Corea y el cuarto de Asia en cuanto a superficie de exposición. El primer pabellón de exposiciones consta de una planta sótano y dos plantas bajas, y el segundo pabellón de exposiciones consta de una planta sótano y 15 plantas bajas. Consta de varias tiendas de alimentos y bebidas e instalaciones auxiliares. Se recomienda comprobar y visitar los eventos actuales en la página web.

12 min a pie, 702m de la SALIDA #2

www.kintex.com

(311) JEONGBALSAN 정발산

Parque del Lago Ilsan 일산 호수공원

Goyang-shi, Ilsandong-gu, Hosu-ro 731
경기 고양시 일산동구 호수로 731

El Parque del Lago Ilsan es un parque de barrio creado en relación con el proyecto de desarrollo de viviendas de la Nueva Ciudad de Ilsan. Es el mayor lago artificial de Corea que ofrece ecosistemas que no son accesibles para los urbanitas. En particular, el sendero de 9,1 km, que incluye el carril bici de 4,7 km y el camino de Metasequoia centrado en el lago, proporciona un valor recreativo. En el parque también se puede acceder a varias instalaciones culturales ecológicas, como un centro de aprendizaje de la naturaleza ecológica, arte escultórico y una sala de exposición de cactus. Todos los años se celebra la Feria Internacional de la Flor de Goyang, el Festival de la Flor de Otoño y el Festival de la Luz del Lago. También es un lugar popular para los turistas.

9 min a pie, 602m de la SALIDA #2

www.goyang.go.krpark/index.do

(326) DONGNIMMUN 독립문

Sala de Historia de la Prisión de Seodaemun 서대문 형무소

Seodaemun-gu, Tongil-ro 251
서울 서대문구 통일로 251

La prisión de Seodaemun se construyó al final del Imperio Coreano bajo la presión del Imperio Japonés, y durante más de 80 años ha sido un lugar en el que están profundamente grabadas las penurias y el resentimiento nacional de la historia moderna y contemporánea de Corea. En particular, es un símbolo de la impresión japonesa del movimiento independentista antijaponés. Se conserva la forma original de la prisión de Seodaemun que encarceló a los patriotas contra la agresión japonesa, por lo que es un excelente lugar donde puede honrar el sacrificio de los patriotas coreanos y seguir sus pasos.

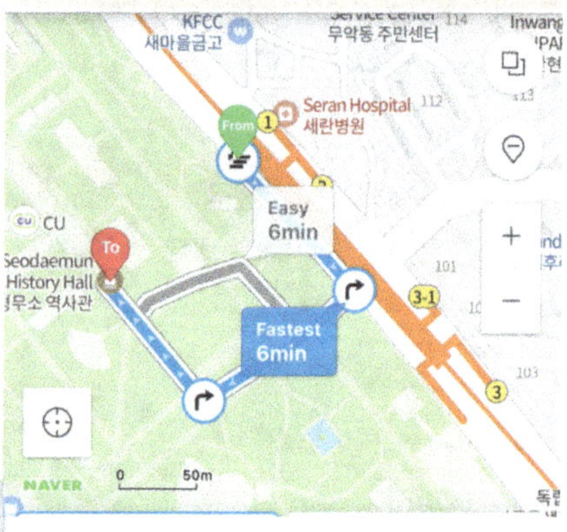

6 min a pie, 250m de la SALIDA #5

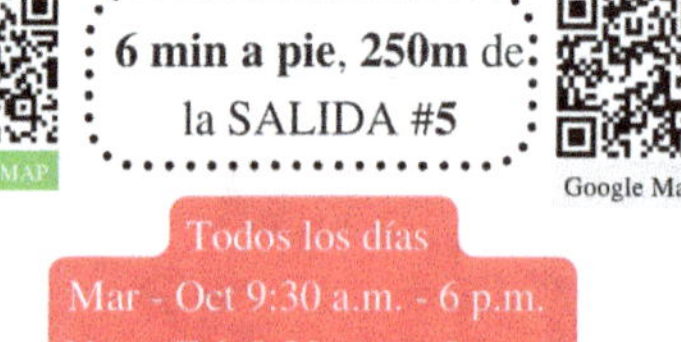

www.sscmc.or.kr

Puerta de Dongnimmun
독립문

Seodaemun-gu Hyeonjeo-dong 941
서울 서대문구 현저동 941

Contrariamente a la creencia común, no fue construida para conmemorar la independencia de Corea de la ocupación japonesa. Más bien se erigió para inspirar un espíritu de independencia de su condición de estado tributario de la dinastía Qing. Fue diseñado por Seo Jaepil y modelado según el Arco del Triunfo de París. Fue construido por Afanasy Ivanovich SeredinSabatin, que también construyó la antigua legación rusa. Alrededor de la puerta hay un parque muy bien cuidado que presume del orgullo de Corea como estado soberano independiente.

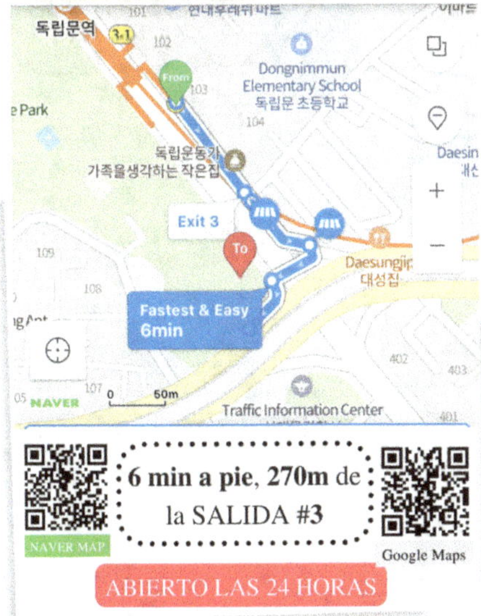

6 min a pie, 270m de la SALIDA #3

Palacio de Gyeongbokgung
경복궁

Jongno-gu Sajik-ro 161
서울 종로구 사직로 161

Contenga la respiración mientras la cúspide del arte y la construcción de la dinastía Joseon se despliega ante sus ojos. Con el significado de "bendición feliz", el palacio fue construido en 1395, y es el mayor palacio de la dinastía Joseon que se conserva en la actualidad, además de ser considerado el más bello. Se le conoce comúnmente como el palacio del Norte debido a su ubicación en la parte más septentrional de Seúl. En su día fue destruido por un incendio durante la Guerra de Imjin contra Japón, pero posteriormente fue restaurado en su totalidad,

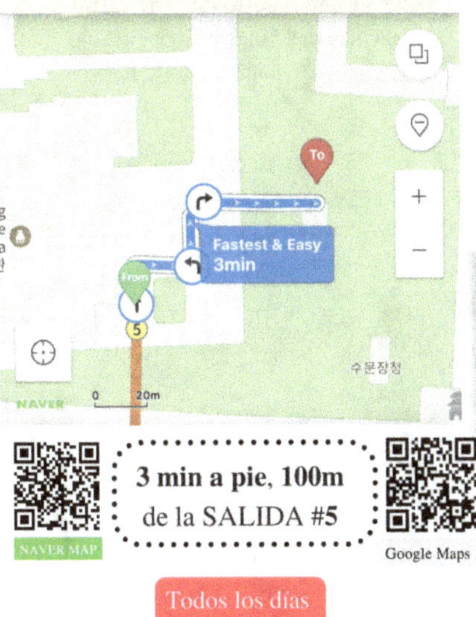

3 min a pie, 100m de la SALIDA #5

www.palace.go.kr

Cheongwadae
청와대

Jongno-gu Cheongwadae-ro 1
서울 종로구 청와대로 1

También conocida como la "Casa Azul" por sus característicos azulejos azules, ha sido la oficina ejecutiva y residencia oficial del presidente surcoreano hasta 2022, pero ahora está completamente abierta al público. Se trata de un complejo de edificios construidos en el emplazamiento del jardín real de la dinastía Joseon y que abarca aproximadamente 62 acres. Con el impresionante telón de fondo del monte Bugaksan, visitar el lugar es una experiencia única que puede vivir en Corea. Asegúrese de visitar la página web para inscribirse y conocer el programa.

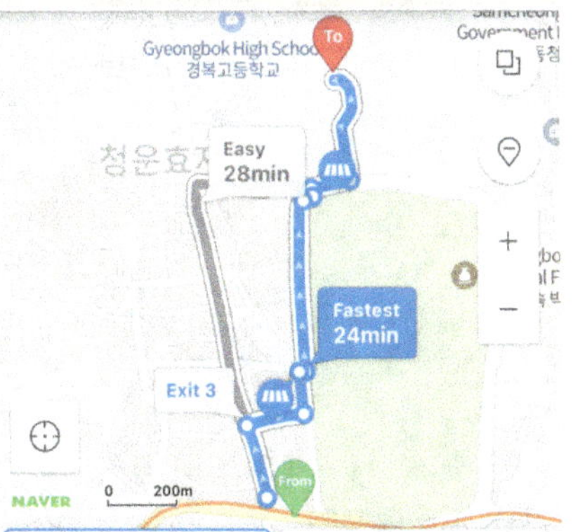

24 min a pie, 1.4km de la SALIDA #3

reserve.opencheongwadae.kr

(La página de reservas se presenta sólo en coreano. Es posible que tenga que utilizar la función de traducción de su navegador).

Museo Folclórico Nacional de Corea
국립민속박물관

Jongno-gu, Samcheong-ro 37
서울 종로구 삼청로 37

Situado convenientemente en el Palacio de Gyeongbokgung, fue creado por el gobierno estadounidense y se inauguró en 1946. Tras la fusión con el Museo Nacional de Corea, sus 4.555 artefactos fueron trasladados al emplazamiento del monte Namsan. En 1993 se inauguró en su emplazamiento actual. Con más de 98.000 artefactos, ilustra la historia de la vida tradicional del pueblo coreano. Si visita Gyeongbokgung, debe tomarse el tiempo para visitar este museo único. Crea un marcado contraste entre la vida de la sangre real y la del pueblo llano.

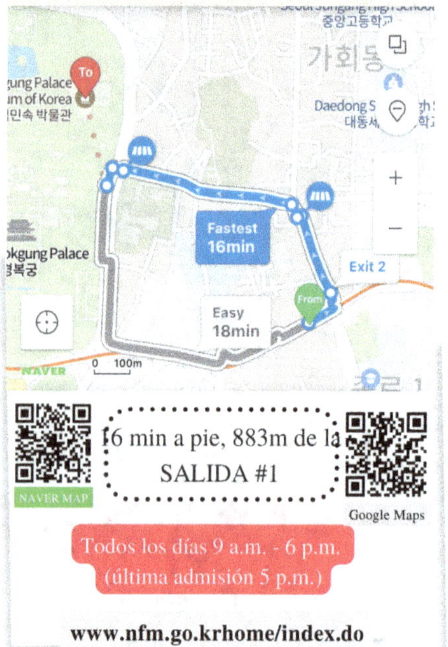

6 min a pie, 883m de la SALIDA #1

Todos los días 9 a.m. - 6 p.m.
(última admisión 5 p.m.)

www.nfm.go.krhome/index.do

Palacio Changdeokgung
창덕궁

Jongno-gu Yulgok-ro 99
서울 종로구 율곡로 99

PATRIMONIO MUNDIAL DE LA UNESCO
Significa "virtud próspera" y conserva muchos elementos de los Tres Reinos de Corea, distinguiéndose en estilo de su vecino más contemporáneo, el Palacio de Gyeongbokgung. Fue la construcción favorita de muchos príncipes de la dinastía Joseon, pero hoy en día sólo queda un 30% de los edificios originales, ya que el resto sufrió graves daños durante la ocupación japonesa. Se puede realizar una visita guiada. Consulte la página web antes de visitarlo. Asegúrese de visitar el Jardín Posterior 후원 (Huwon), que conecta con el Palacio Changgyeonggung. (el precio de la entrada es de KRW 1.000).

9 min a pie, 379m de la SALIDA #3

Feb - May / Sep - Oct 9 a.m. - 6 p.m.
Jun - Ago 9 a.m. - 6:30 p.m.
Nov - Ene 9 a.m. - 5:30 p.m.
(Última admisión 1 hora antes del cierre)
Cerrado los lunes. (si una fiesta nacional cae en lunes, se cierra al día siguiente).

www.cdg.go.kr

Palacio Changgyeonggung
창경궁

Jongno-gu Changgyeonggung-ro 185
서울 종로구 창경궁로 185

Significa "alegría floreciente" y fue construido en 1483 como uno de los "palacios orientales" junto con el palacio Changdeok porque estaban situados al este del palacio Gyeongbok. Fue construido por el rey Sejong para su padre, Taejong. Durante la ocupación japonesa, construyeron un zoológico, un jardín botánico y un museo justo en el recinto del palacio. Se consideró un intento de socavar simbólicamente el estatus real de la Dinastía. Fueron retirados en 1984. Es más pequeño que otros palacios de Seúl, pero los hermosos jardines lo compensan con creces. Hay un paseo muy relajante por el parque. *Puede comenzar desde el palacio Changdeokgung y llegar a través del Jardín Posterior 후원 (Huwon).

22 min a pie, 1.3km de la SALIDA #3

Todos los días 9 a.m. - 9 p.m.
Cerrado los lunes.

cgg.cha.go.kr

Aldea Hanok de Bukchon
북촌 한옥마을

Jongno-gu, Gahoe-dong 31-48
서울 종로구 가회동 31-48

También llamada Yangbanchon ("Aldea de los Nobles") porque la mayoría de estas casas de alto nivel fueron habitadas por la realeza, los aristócratas y los burócratas durante la dinastía Joseon. En 2001, el Gobierno Metropolitano de Seúl llevó a cabo el Proyecto de Conservación de Bukchon para mejorar el hanok y el paisaje circundante y recibió el Premio a la Excelencia del Patrimonio de AsiaPacífico de la UNESCO en 2009. Es el lugar donde se puede sentir la esencia de la cultura tradicional coreana en Seúl, e incluso ahora, los residentes viven y conservan la aldea. Aquí podrá ver la montaña Bukaksan en el norte y la montaña Namsan en el sur, que gozan de una excelente vista. Camine entre los laberínticos callejones y sienta la belleza del hanok tradicional.

17 min a pie, 865m
de la SALIDA #2

Cada tienda tiene un horario diferente, pero la mayoría abre por la mañana.

bukchon.seoul.go.kr

El camino del café de Samcheongdong
삼청동 카페 거리

Jongno-gu, Samcheong-ro 102
서울 종로구 삼청로 102

Si viaja al Palacio de Gyeongbokgung en Seúl, será una experiencia memorable si da un paseo y observa la calle Samcheongdonggil en su parte trasera. La calle Samcheongdonggil es bastante elegante y concurrida, con tiendas y cafés muy frecuentados. Las calles de los cafés y las tiendas se encuentran, y es uno de los lugares de citas más apreciados de Corea. Puede ver muchos edificios hanok, así como gente subiendo y bajando de los autobuses del pueblo en la estación. También es una de las atracciones turísticas más populares entre los extranjeros.

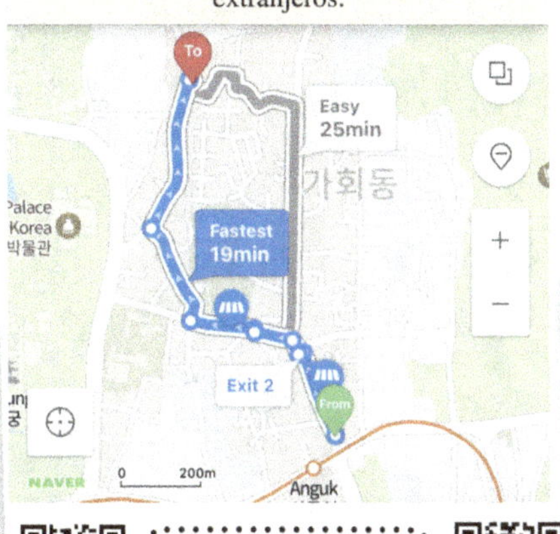

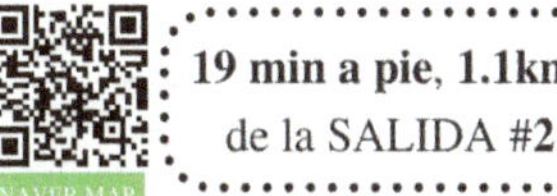

19 min a pie, 1.1km
de la SALIDA #2

Cada tienda tiene un horario diferente, pero la mayoría abre por la mañana.

Insadong Ssamzi Gil (Distrito comercial de la artesanía) 인사동 쌈지길

Jongno-gu Insadong-gil 44
서울 종로구 인사동길 44

El pasado se encuentra con el presente aquí. Es uno de los lugares favoritos de los turistas para comprar antigüedades/artículos tradicionales. Hay innumerables tiendas, galerías, restaurantes tradicionales y casas de té a lo largo de la calle principal. Muchas de las galerías se especializan en pinturas y esculturas tradicionales coreanas. El mero hecho de "mirar escaparates" por las callejuelas es una experiencia entretenida. Uno de los mejores lugares para comprar recuerdos.

Muchas galerías de arte estupendas para apreciar. Sin embargo, no hay mucha actividad después de la puesta de sol.

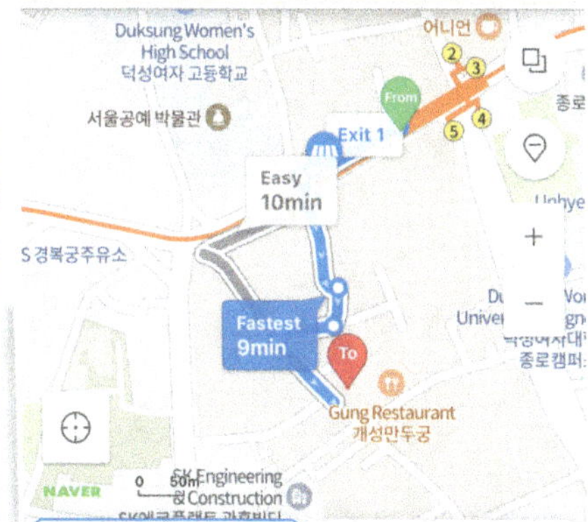

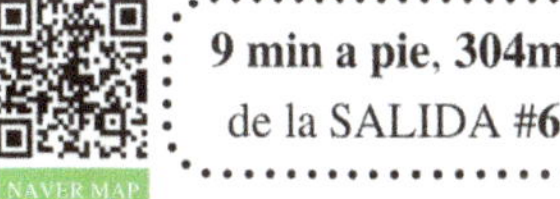

9 min a pie, 304m
de la SALIDA #6

Todos los días 10:30 a.m. ~ 8:30 p.m.
Cerrado los Seollal y Chuseok

Parque Tapgol
탑골공원

5 min a pie, 338m de la SALIDA #1

Santuario real de Jongmyo
종묘

3 min a pie, 299m de la SALIDA #11

Galería de instrumentos Nagwon
낙원악기상가

2 min a pie, 146m de la SALIDA #5

Estos lugares ya están introducidos en las páginas anteriores.

Iglesia presbiteriana de Youngnak
영락교회

8 min a pie, 324m de la SALIDA #6

Este lugar ya está introducido en las páginas anteriores.

Pueblo Namsangol Hanok
남산골 한옥 마을

Jung-gu, Toegye-ro 34-gil 28
서울 중구 퇴계로34길 28

Fue el lugar de un conocido centro de veraneo de la era Joseon, considerado uno de los 5 lugares más bellos de Seúl. Consta de un jardín tradicional coreano, junto con un arroyo y un pabellón, que reproduce la sensación del pasado.
Cuenta con 5 casas tradicionales coreanas restauradas, o hanok, un pabellón y un estanque. Hay muchas actividades como el neolttwigi (salto en balancín), el tuho (lanzamiento de flechas) y el yutnori (juego de mesa tradicional). Puede participar en ellas de forma gratuita. Los fines de semana, se realiza una representación de la ceremonia de boda tradicional en la residencia de Bak Yeong Hyo. En general, es un conjunto de arquitectura tradicional que permite conocer la cultura coreana.

6 min a pie, 306m de la SALIDA #4

Todos los días 9 a.m. - 9 p.m.
Cerrado los lunes.

www.hanokmaeul.or.kr

Callejón Jokbal (Manitas de cerdo al vapor) 장충동 족발 골목

Jung-gu, Jangchungdan-ro 174
서울 중구 장충단로 174

Similar al Zampone (italiano), Crubeens (irlandés), Pied de cochon (francés) el jokbal es la interpretación coreana de las manitas de cerdo, cocinadas con salsa de soja y especias. Es la comida favorita de los coreanos para acompañar el soju. También es popular entre las chicas porque es rico en colágeno, que se cree que mejora la textura de la piel. Entre los chicos, es popular porque se sabe que es eficaz para prevenir la resaca. Todo el callejón está lleno de restaurantes que sirven platos de jokbal.

3 min a pie, 172m de la SALIDA #2

Cada tienda tiene un horario diferente, pero la mayoría abre por la mañana.

K-Star Road (Calle) 케이스타 로드

Gangnam-gu, Apgujeong-ro 394
서울 강남구 압구정동 394

No es exagerado decir que Gangnam, que atrajo la atención mundial con el "Gangnam Style" de Psy, es el origen de la cultura Hallyu. Gangnam ha sido una región líder en tendencias en Corea, y es donde se encuentran más de la mitad de las agencias de entretenimiento coreanas, y han nacido muchas estrellas Hallyu. La calle KStar se construyó recientemente en Cheongdamdong para conmemorar este hecho. A lo largo de la calle, podrá encontrar una serie de Gangnam Dols, que es una palabra portmanteau de 'Gangnam' e "idol" y "doll" (muñeca) porque hay 17 estatuas de tamaño humano con forma de oso con las imágenes simbólicas de las estrellas, que van desde BTS, Super Junior, EXO y Girls' Generation. A medida que avance, también pasará por la zona donde se concentran las agencias de entretenimiento de Kpop, como JYP Entertainment y Cube Entertainment.

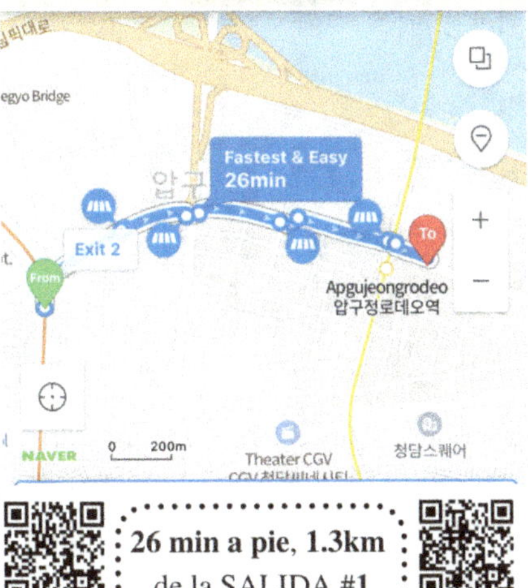

26 min a pie, 1.3km de la SALIDA #1

ABIERTO LAS 24 HORAS

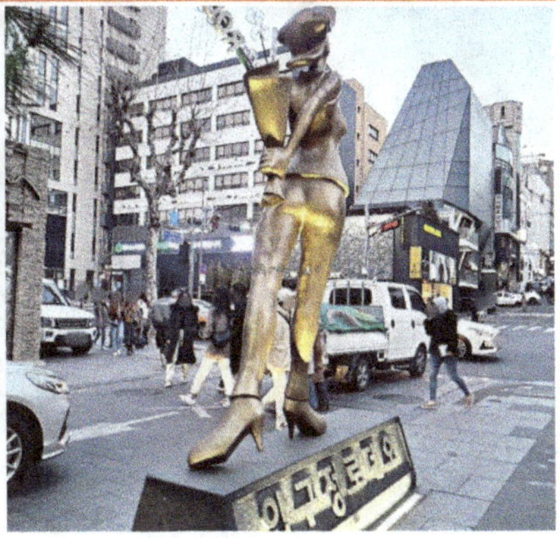

Apgujeong Rodeo Street (La calle Rodeo de Apgujeong) 압구정 로데오 거리

Gangnam-gu, Apgujeong-ro 46-gil 30
서울 강남구 압구정로 46길 30

Fue el centro de la moda a principios de los años 90 y fue el terreno de juego de la generación más joven que quería romper con el orden y los valores de la generación anterior. En el pasado, era famosa por los hijos de las familias ricas que conducían coches importados y vestían ropa de marcas de alta gama, similar a la calle Rodeo de Beverly Hills, pero ahora se ha convertido en un lugar que representa diversas culturas juveniles y tendencias de alta tecnología. Aquí se pueden encontrar tiendas de marcas de lujo, tiendas de ropa de marca privada y zapaterías. También abundan las tiendas de dermatología, cirugía plástica y peluquería. También cuenta con muchos restaurantes y atracciones que se han difundido de boca en boca entre los jóvenes, por lo que hay muchas opciones para complacer su paladar.

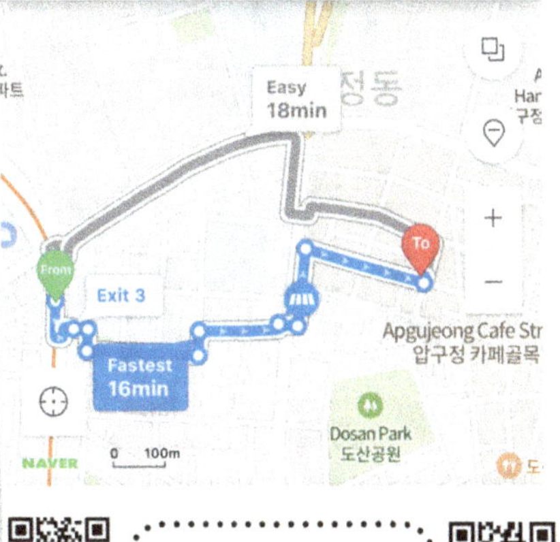

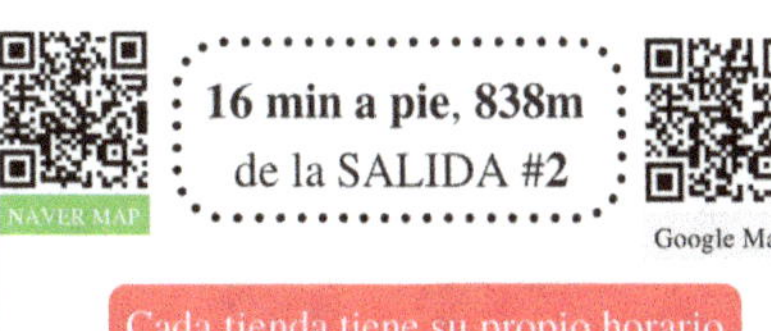

16 min a pie, 838m de la SALIDA #2

Cada tienda tiene su propio horario comercial.

Sinsadong Garosu-gil
신사동 가로수길

Gangnam-gu, Apgujeong-ro 126
서울 강남구 압구정로 126

Garosugil ha sido el barrio de moda en Seúl en los últimos años. Antes era un lugar donde se concentraban las galerías y las tiendas de diseño. Hace tiempo, las compañías cinematográficas llegaron una tras otra, así como los comerciantes de pinturas. Así que hay muchas tiendas antiguas entre los callejones. Por supuesto, ahora están de moda varias tiendas de moda de carretera. Si tiene una tienda favorita mientras da un paseo, puede entrar y mirar un rato. También puede encontrar bonitos cafés y restaurantes.

12 min a pie, 553m
de la SALIDA #5

Cada tienda tiene su propio horario comercial.

GOTO Mall (Gangnam Terminal Underground Shopping Complex)
고투몰

Seocho-gu, Shinbanpo-ro 200
서울 서초구 신반포로 200

GOTO Mall es el mayor centro comercial subterráneo de Gangnam, situado en el sótano de la terminal de autobuses Gangnam Express. Vende una variedad de artículos que supera a los grandes almacenes, como ropa, cosméticos, accesorios, complementos de interior, artesanía y flores. Alrededor de la estación de la Terminal Expresa de Gangnam se encuentran instalaciones culturales y de alojamiento como los Grandes Almacenes Shinsegae, la Central CityShinsegae, el Hotel JW Marriott y el Centro de Artes de Seúl. Es posible ir de compras independientemente del tiempo, y el metro está conectado, lo que facilita el desplazamiento a cualquier lugar.

3 min a pie, 140m
de la SALIDA #8-1

Todos los días 10 a.m. - 10 p.m.

gotomall.kr

Sebit Seom (Isla Flotante)
세빛섬

Seocho-gu, Ollimpik-daero 2085-14
서울 서초구 올림픽대로 2085-14

Sevit Seom (Isla Flotante), que ilumina maravillosamente el río Han, está formada por un total de cuatro islas artificiales con convenciones de bodas, restaurantes italianos, bufés y cafés, y se utiliza como espacio para disfrutar de yates, barcos hinchables y diversas exposiciones, actuaciones y eventos. Con una fantástica vista nocturna en la que las coloridas y hermosas luces LED armonizan con el río Han, es uno de los lugares nocturnos más visitados de Seúl y lugar de rodaje de varios dramas y películas. No se olvide de tomar fotos en varios "puntos fotográficos", como las convenciones del FIC, las terrazas al aire libre y los observatorios en las azoteas.

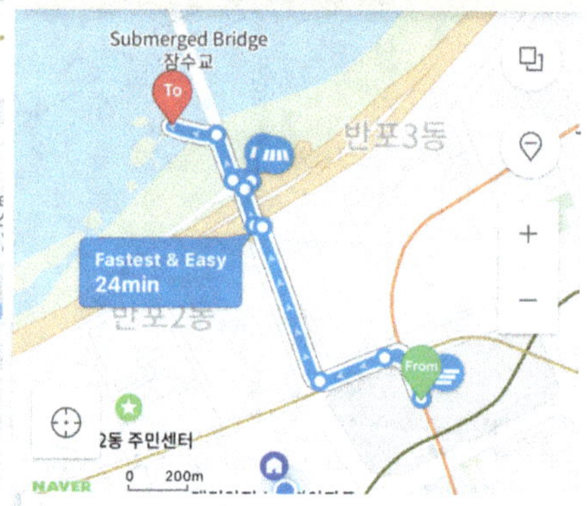

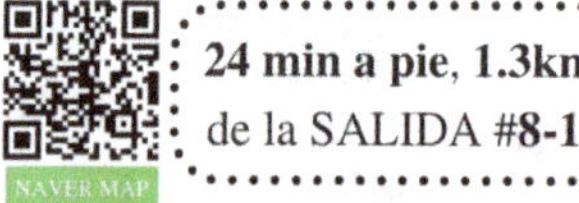

24 min a pie, 1.3km
de la SALIDA #8-1

Cada tienda tiene su propio horario comercial.

www.somesevit.co.kr

(339)=(734)=(923) EXPRESS BUS TERMINAL 고속터미널

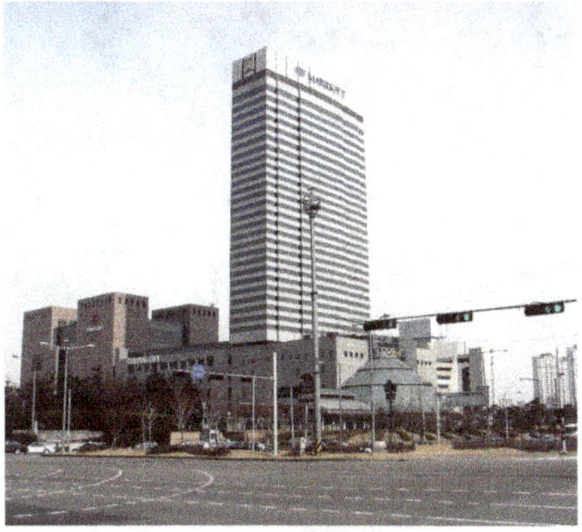

Central City
센트럴 시티

Seocho-gu, Shinbanpo-ro 176
서울 서초구 신반포로 176

Es un megacomplejo con el hotel JW Marriot, la terminal de autobuses exprés, las líneas de metro no. 3, 7, 9, los grandes almacenes Shinsegae, el cine Megabox, una librería y la estación Famille que cuenta con numerosos restaurantes para elegir. Es uno de los lugares más concurridos de Seúl, pero también implica muchas cosas por hacer y ver. Las tiendas subterráneas son el lugar donde se pueden encontrar dulces ofertas y chollos.

NAVER MAP

1 min a pie, 50m de la **SALIDA #3**

Google Maps

Famille Station (Restaurantes)
10 a.m. - 10 p.m.
Terminal de Autobuses Expresos
5 a.m. - 1 a.m.
Shinsegae grandes almacenes
10 a.m. - 8 p.m.
Megabox (Cine)
7 a.m. - 3 a.m.

www.shinsegaecentralcity.com

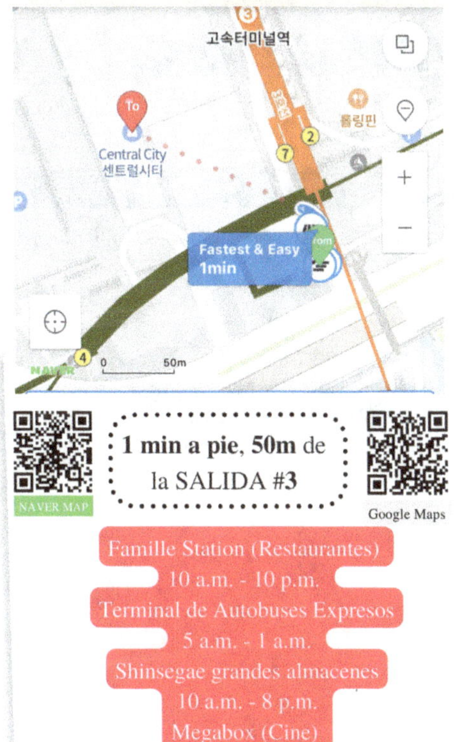

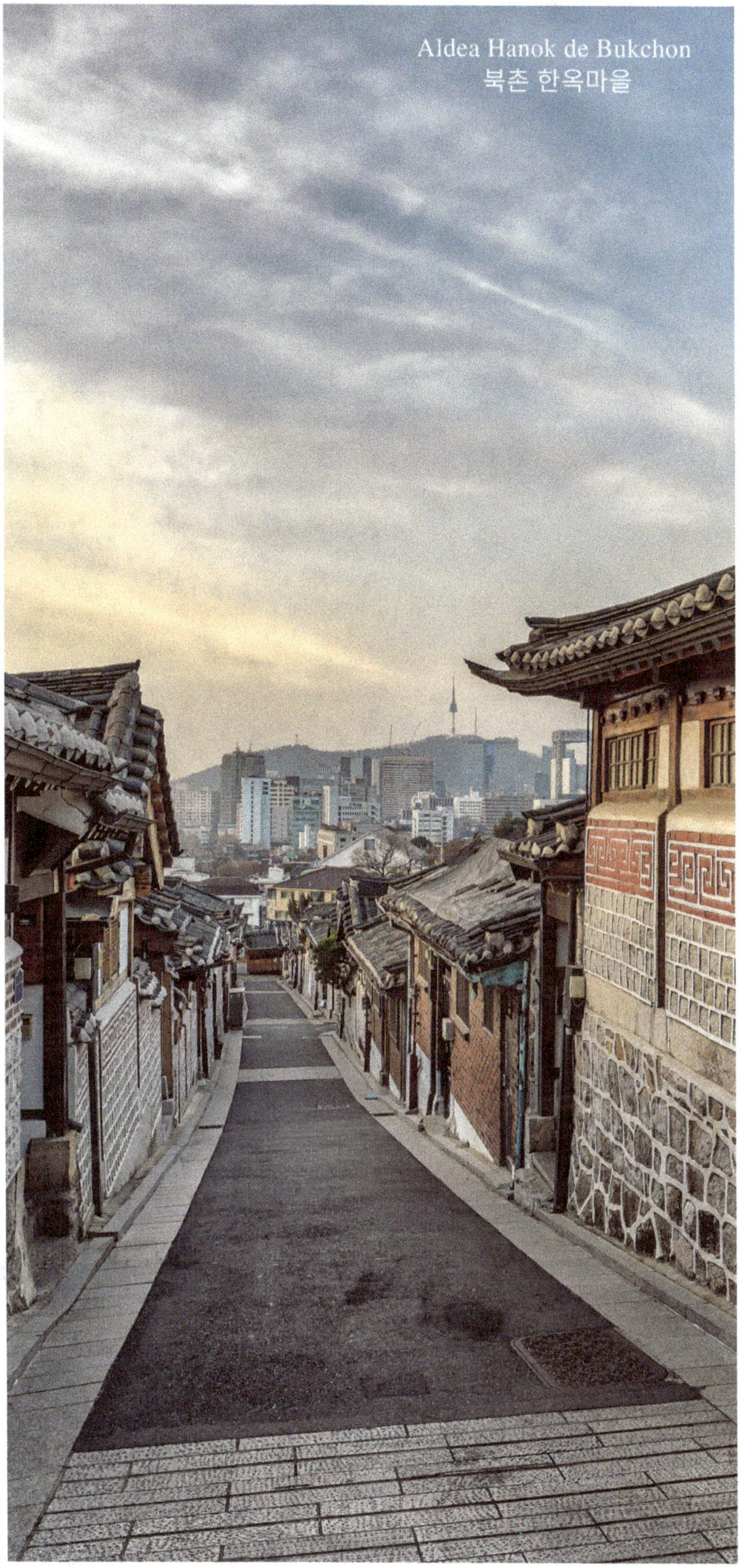

Aldea Hanok de Bukchon
북촌 한옥마을

Linea #4 사호선 sa-ho-seon 4

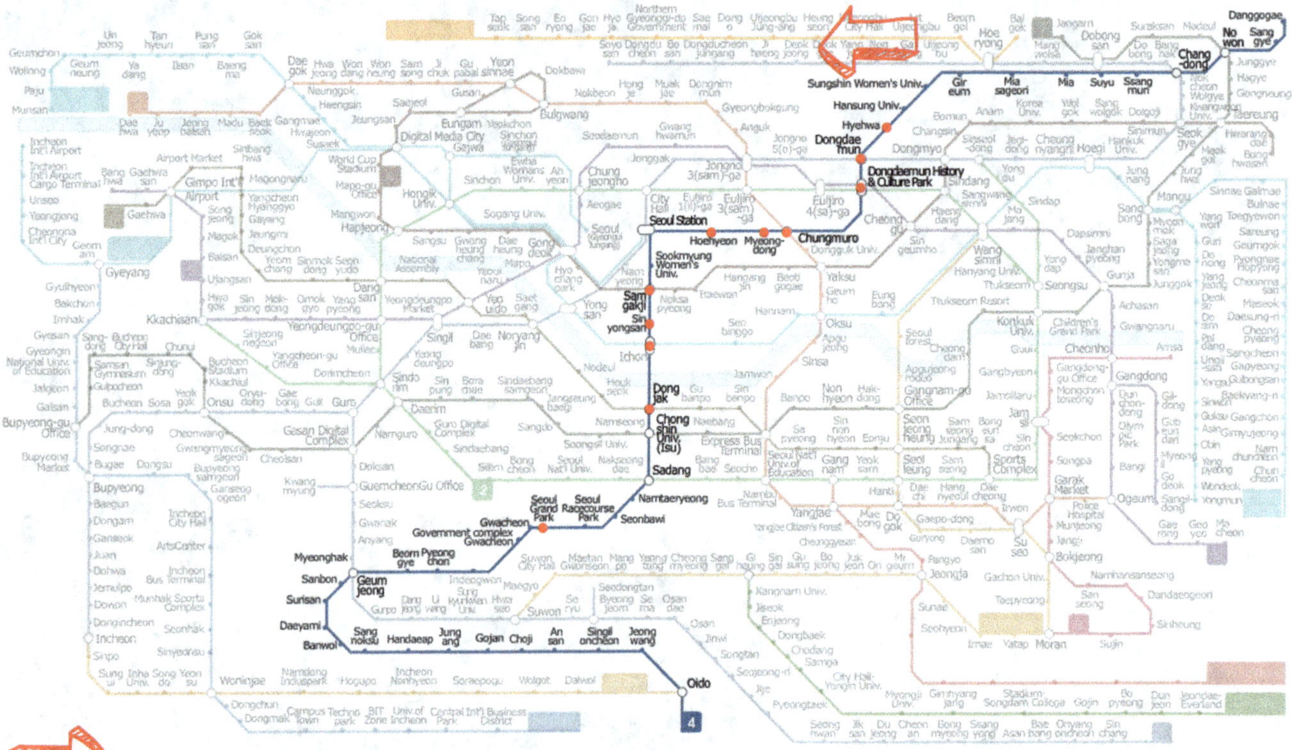

(420) HYEHWA 혜화

- Parque Marronnier
  마로니에공원

(421)=(128) DONGDAEMUN 동대문

- Parque Heunginjimun 흥인지문 공원
- Dongdaemun/Heunginjimun 동대문/흥인지문
- Cheonggyecheon 청계천

(423)=(331) CHUNGMURO 충무로

- Pueblo Namsangol Hanok
  남산골 한옥 마을

(424) MYEONGDONG 명동

- Myeongdong 명동
- La catedral católica de Myeongdong
  명동 성당
- Cabina de billetes del teleférico de la Torre Namsan de Seúl
  남산 서울타워 케이블카 매표소

(425) HOEHYEON 회현

- Mercado de Namdaemun 남대문 시장
- Puerta de Namdaemun 남대문

(428)=(628) SAMGAKJI 삼각지

- Monumento a la Guerra 전쟁기념관

(429) SINYONGSAN 신용산

- Museo de Arte Amore Pacific
  아모레퍼시픽미술관

(430) ICHON 이촌

- El Museo Nacional de Corea 국립중앙박물관

(431)=(920) DONGJAK 동작

- Cementerio Nacional 국립 서울 현충원

(437) GRAN PARQUE DE SEÚL 대공원

- Gran Parque de Seúl 서울대공원

- **Esta línea conecta el norte y el sur de Seúl**
- **Número de estaciones: 48**
- **Terminales: Danggogae / Oido**

Parque Marronnier
마로니에공원

Jongno-gu Daehak-ro 104
서울 종로구 대학로 104

Situado en la calle Daehangno (Colegio), siempre está lleno de energía e inspiración. Puede llenarse de gente los fines de semana. Llamado así por su simbólico árbol marronnier (castaño de Indias), alberga una gran variedad de centros de eventos culturales al aire libre, exposiciones y centros de arte (de ahí que se le conozca más como la "Meca de las obras de teatro"), que empezaron a desarrollarse en 1975 cuando la Universidad Nacional de Seúl se trasladó a este lugar. Desde entonces, han florecido pequeños teatros y cafés, convirtiéndolo en un lugar popular para reuniones y relajación. Bandas, cantantes, grupos de baile y comediantes muestran su talento.

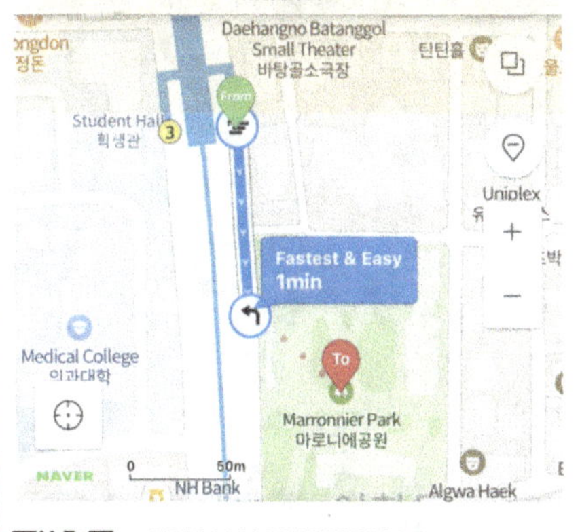

1 min a pie, 93m de la SALIDA #2

Google Maps

ABIERTO LAS 24 HORAS

Parque Heunginjimun
흥인지문 공원

4 min a pie, 235m de la SALIDA #1

Dongdaemun/Heunginjimun
동대문/흥인지문

4 min a pie, 235m de la SALIDA #1

Cheonggyecheon
청계천

3 min a pie, 155m de la SALIDA #6

Este lugar ya está introducido en las páginas anteriores.

Pueblo Namsangol Hanok
남산골 한옥 마을

6 min a pie, 306m de la SALIDA #4

Este lugar ya está introducido en las páginas anteriores.

Myeongdong
명동

Myeongdong, que atrae a cerca de 2 millones de personas cada día, está considerado como el "destino turístico número 1 de Corea" y puede llamarse "el paraíso de las compras". Puede encontrar una gran variedad de artículos difíciles de encontrar, desde marcas de alta gama hasta cosméticos y souvenirs. Gracias a ello, se ha convertido desde hace tiempo en un recorrido imprescindible para los viajeros extranjeros que visitan Seúl. La mayoría de las tiendas cuentan con personal que habla idiomas extranjeros. Un día puede no ser suficiente para recorrer las calles comerciales de Myeongdong, que incluyen grandes centros comerciales, grandes almacenes, restaurantes y cafés y vendedores ambulantes. Por ello, muchos compradores visitan este lugar más de una vez. Durante el día, el tráfico está restringido, así que puede echar un vistazo cómodamente. Hay un centro comercial tan bueno como el de Myeongdong en el cercano Dongdaemun, por lo que sería mejor visitarlo juntos.

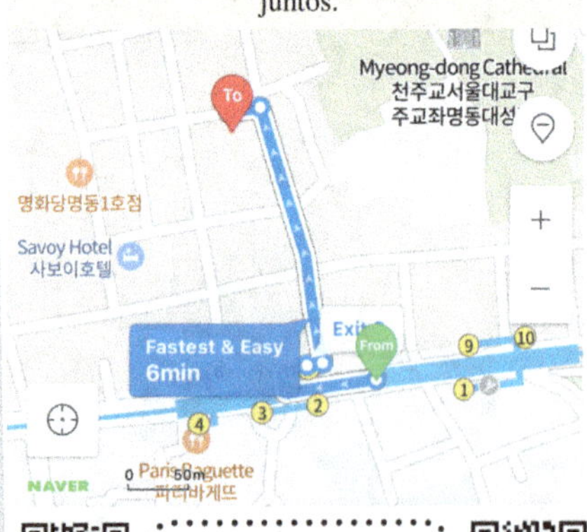

6 min a pie, 231m de la SALIDA #6

Google Maps

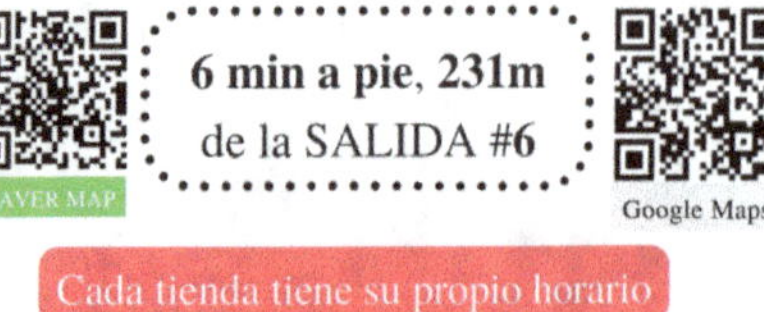

La catedral católica de Myeongdong
명동 성당

Situada en el centro de Seúl, es la cuna de la comunidad de la Iglesia Católica Romana en Corea. El edificio principal tiene una altura de 23 m y el campanario llega hasta los 45 m. Con la ceremonia de colocación de la primera piedra por parte del emperador Gojong, se construyó en 1892 con 20 tipos diferentes de ladrillos rojos y grises cocidos localmente. Costó unos 60.000 dólares, que fueron sufragados por la Sociedad de Misiones Extranjeras de París. La misa en inglés se celebra todos los domingos a las 9 de la mañana.

9 min a pie, 427m de la SALIDA #10

Google Maps

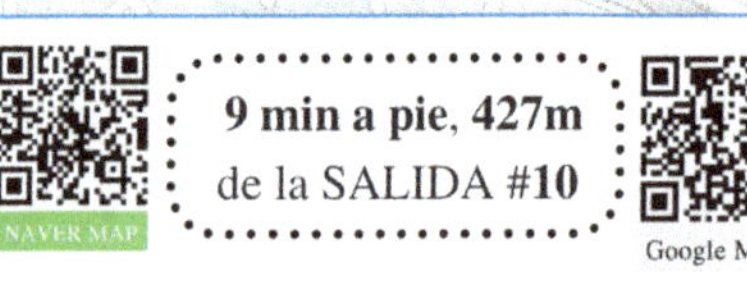

www.mdsd.or.kr

Cabina de billetes del teleférico de la Torre Namsan de Seúl
남산 서울타워 케이블카 매표소

Se ha establecido como una "isla romántica" en el centro de la ciudad. Es una torre de 236,7 m de altura situada en la cima de la montaña Namsan (262 m), que desde hace mucho tiempo es conocida como un lugar para el romance eterno. Cuenta con la mejor vista de Seúl desde los 480 m de altura. Es un símbolo de Seúl, que ha sido clasificado como la atracción turística número 1 elegida por los extranjeros y un "lugar sagrado" para las parejas de todo el mundo que sueñan con el amor eterno. Los "candados del amor" y la "silla del corazón" para parejas son muy populares. Además, no deje de visitar el retrete más alto de Seúl, que se encuentra en el segundo piso del observatorio.

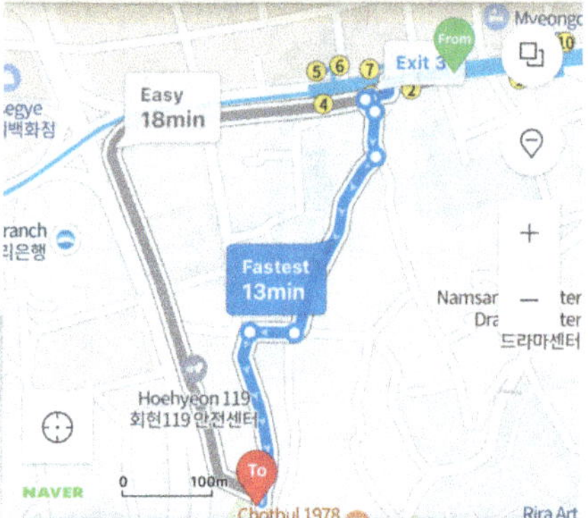

13 min a pie, 509m de la SALIDA #3

Google Maps

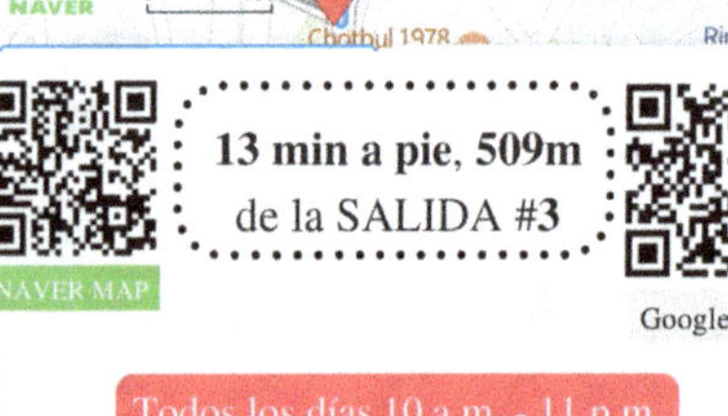

www.cablecar.co.kr

Mercado de Namdaemun
남대문 시장

Monumento a la Guerra
전쟁기념관

Puerta de Namdaemun
남대문

Jung-gu, Namdaemunshijang 4-gil 21
서울 중구 남대문시장4길 21

Es el mayor mercado tradicional de Corea y un enorme espacio de distribución visitado por 500.000 personas al día. Lleva desempeñando el papel de centro de la ciudad desde mediados de la dinastía Joseon y cuenta con una amplia gama de productos, así como una larga historia. Puede encontrar todo tipo de ropa para adultos en lugares como Queen Plaza y Jangti Moa. Las tiendas de ropa para niños son lo suficientemente grandes como para representar el 80% del mercado de ropa infantil del país. Además, hay tiendas que venden utensilios de cocina, productos agrícolas y marinos, productos cotidianos y productos importados. La mayoría de los productos que se comercializan aquí son fabricados, producidos y vendidos por los comerciantes. También son famosos los restaurantes situados en los callejones que han acompañado la historia del mercado, siendo el menú más famoso el de rape estofado. Hay mucho que ver, comer y disfrutar.

Jung-gu, Sejong-daero 40
서울 중구 세종대로 40

Conocida oficialmente como la Sungnyemun, es el tesoro nacional número 1 de Corea y es una de las 8 puertas de la muralla de la dinastía Joseon que rodeaba la ciudad de Seúl. Fue construida por primera vez en el último año del rey Taejo en 1398 y reconstruida en 1447. La diferencia más notable de esta puerta es la tablilla que tiene su nombre escrito verticalmente, mientras que otras puertas los tienen horizontalmente. La puerta de la pagoda de madera de la parte superior fue destruida por un incendio en 2008 y fue restaurada en 2013. Es una puerta majestuosa en medio de Seúl que merece una parada rápida, especialmente si se encuentra en la zona del mercado de Myeongdong o Namdaemun.

Yongsan-gu, Itaewon-ro 29
서울 용산구 이태원로 29

Fue construido por la Sociedad del Servicio Memorial de Guerra de Corea en 1994 para conmemorar el sacrificio de los héroes caídos en la Guerra de Corea (1950-1953). Este museo a gran escala alberga más de 33.000 artefactos, de los cuales unos 10.000 están expuestos en sus cinco salas interiores y exteriores: Sala de las Fuerzas Expedicionarias, Sala del Memorial Patriótico, Sala de la Historia de la Guerra, Sala de la Guerra de Corea 6,25, Sala del Desarrollo y Sala de la Gran Maquinaria. Se trata de un enorme museo magníficamente pensado con exposiciones sorprendentes que reconstruyen el capítulo más trágico y a la vez más destacado de la historia de Corea. Todo ello de forma gratuita.

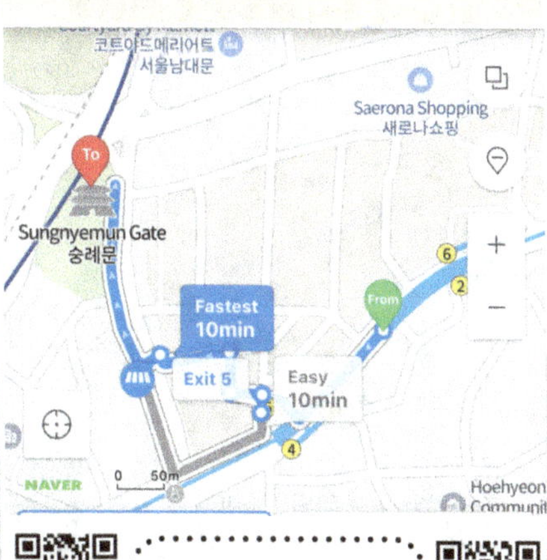

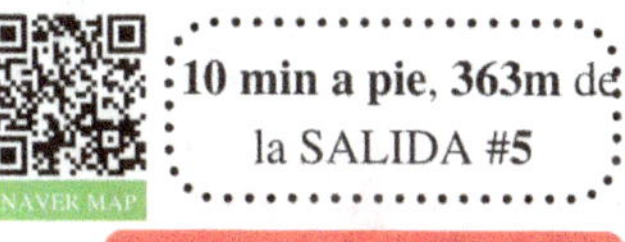

10 min a pie, 363m de la SALIDA #5

Google Maps

2 min a pie, 116m de la SALIDA #5

Google Maps

www.namdaemunmarket.co.kr

4 min a pie, 262m de la SALIDA #12

Google Maps

www.warmemo.or.kr

Museo de Arte Amore Pacific
아모레퍼시픽미술관

Yongsan-gu Hangang-daero 100
서울 용산구 한강대로 100

El Museo de Arte de Amore Pacific es un museo de arte recién inaugurado en la nueva sede de Amore Pacific en Yongsan, que pretende convertirse en un "espacio abierto para descubrir la belleza en la vida cotidiana" y comunicarse con el público. En la sala de exposiciones de la primera planta del sótano, se realizan diversas exposiciones programadas que abarcan la antigüedad, el arte contemporáneo y el arte coreano. En la primera planta del amplio "Atrio", que se extiende desde la primera a la tercera planta sobre el suelo, hay un vestíbulo del museo de arte, una tienda del museo, un espacio de exposición "gabinete APMA" y una biblioteca de exposiciones (apLAP).

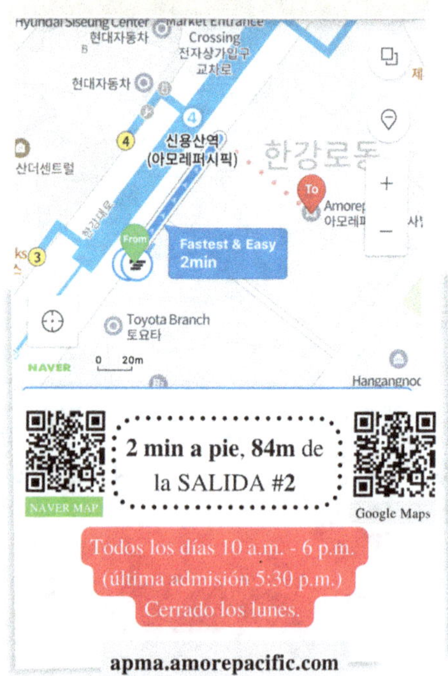

2 min a pie, 84m de la SALIDA #2

Todos los días 10 a.m. - 6 p.m.
(última admisión 5:30 p.m.)
Cerrado los lunes.

apma.amorepacific.com

El Museo Nacional de Corea
국립중앙박물관

Yongsan-gu, Seobinggo-ro 137
서울 용산구 서빙고로 137

El Museo Nacional de Corea, donde vive la esencia de la historia y la cultura coreanas, es el tesoro más querido de Corea. A través de las exposiciones y la educación, cuenta la historia de 420.000 colecciones con miles de años de historia, que van desde las simples hachas de mano de la era paleolítica hasta la colorida corona de oro del periodo de los Tres Reinos, el celadón de la dinastía Goryeo, las pinturas de la dinastía Joseon, las fotografías modernas y los centros culturales mundiales. Ofrece videos digitales realistas y experiencias de RV para una experiencia más vívida. Pasar un día en el Museo Nacional de Corea será una experiencia especial.

3 min a pie, 308m de la SALIDA #2

L/Mar/J/V/D - 10 a.m. - 6 p.m.
(última admisión 5:30 p.m.)
Mié/S - 10 a.m. - 9 p.m.
(última admisión 8:30 p.m.)

www.museum.go.kr

Cementerio Nacional
국립 서울 현충원

Dongjak-gu Hyeonchung-ro 210
서울 동작구 현충로 210

Ciento cuatro mil soldados murieron durante la Guerra de Corea, pero muchos de sus cuerpos nunca fueron encontrados, junto con los restos de unos 7.000 soldados desconocidos cuyos cuerpos fueron encontrados. Los restos de más de 54.000 patriotas mártires han sido enterrados en las parcelas de enterramiento, que están divididas en varias secciones: tumbas de soldados, de policías, de ciudadanos meritorios y de figuras clave del gobierno provisional. Cada año, el 6 de junio (Día de los Caídos), se celebran en el Cementerio Nacional de Seúl servicios y actos conmemorativos para honrar a estos valientes patriotas. Es un cementerio impecable con un paisaje increíble. No sólo es estupendo para una lección de historia, sino también para un paseo tranquilo. Está muy concurrido el 6 de junio, Día de los Caídos en Corea.

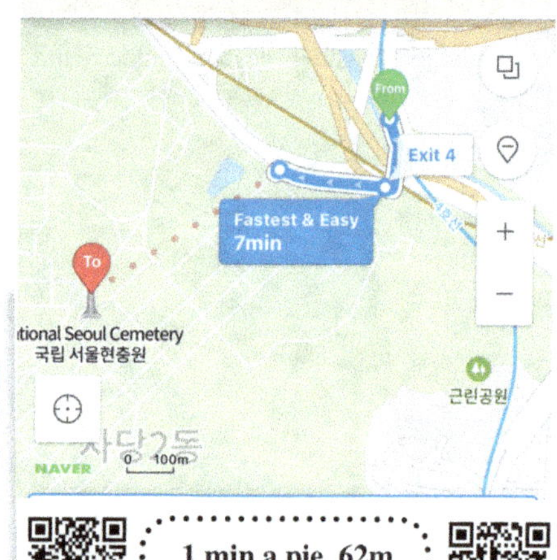

1 min a pie, 62m de la SALIDA #8

Todos los días 6 a.m. - 6 p.m.

www.snmb.mil.kr

Gran Parque de Seúl
서울대공원

Gwacheon-si Daegongwongwangjang-ro 102
경기 과천시 대공원광장로 102

Es el primer zoológico de Corea, creado por las fuerzas de ocupación japonesas en 1909 cuando se construyó en medio del antiguo palacio real, Changgyeonggung. Fue trasladado a su ubicación actual en 1984. En la actualidad alberga casi 3.000 animales y 350 especies de todo el mundo, lo que lo convierte en el décimo más grande del mundo. Las instalaciones incluyen colinas, rutas de senderismo, el Gran Parque Zoológico de Seúl, el Zoológico Infantil, el Jardín de las Rosas, el Parque Museo de la Tierra de Seúl y el Museo de Arte Moderno de Seúl. Asegúrese de llevar un calzado cómodo, ya que podría tardar todo el día en ver el lugar.

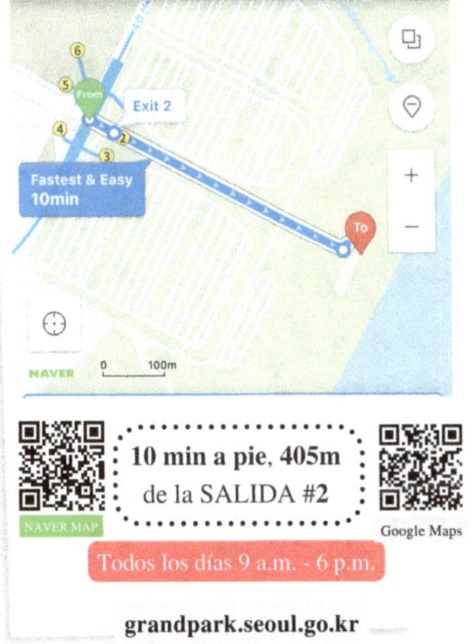

10 min a pie, 405m de la SALIDA #2

NAVER MAP

Google Maps

Todos los días 9 a.m. - 6 p.m.

grandpark.seoul.go.kr

Puerta de Namdaemun
남대문

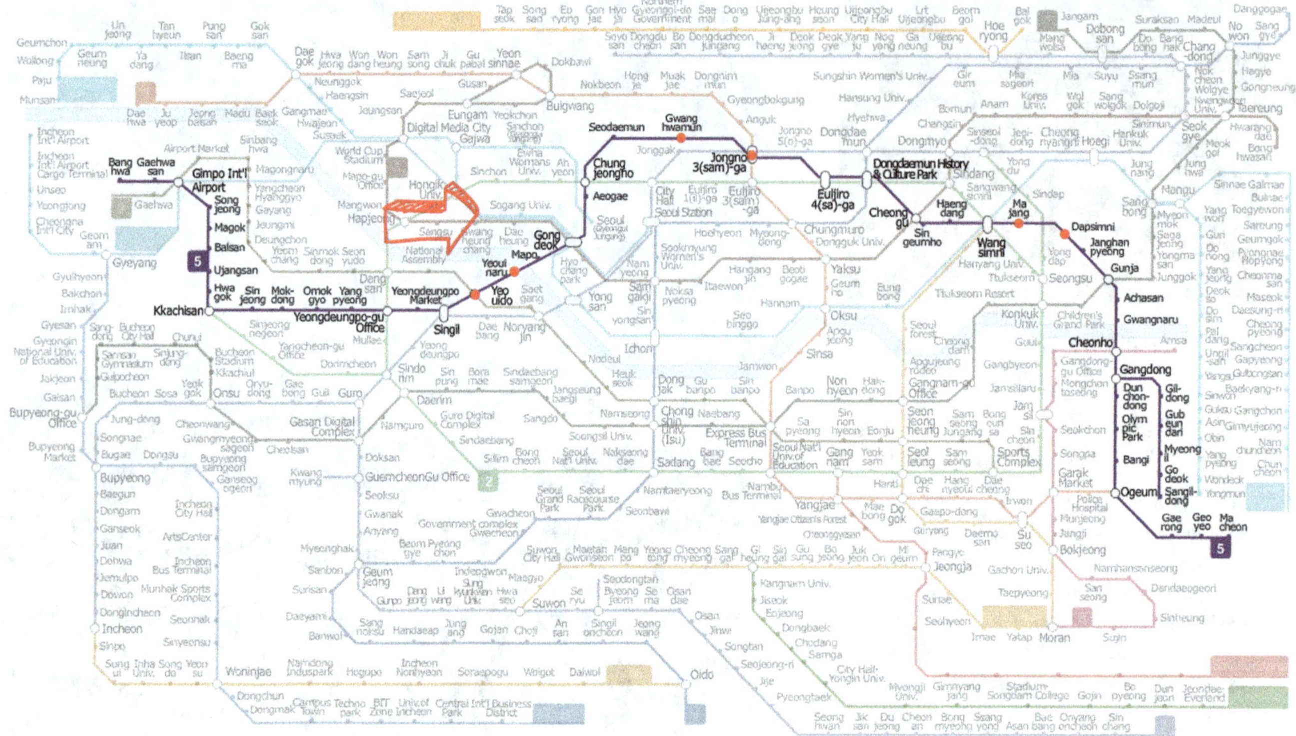

(525)=(915) YEOUIDO 여의도

- IFC Mall (Centro comercial) IFC 몰
- Parque Yeouido 여의도공원

(527) YEOUINARU 여의나루

- 63 square 63 스퀘어

(533) GWANGHWAMUN 광화문

- La plaza Gwanghwamun 광화문광장
- Mugyodong Nakji (Pulpo) 무교동 낙지
- Museo de Historia de Seúl 서울역사박물관
- Centro Sejong para las Artes Escénicas 세종문화회관

(534)=(329)=(130) JONGNO 3(SAM)-GA 종로3가

- Parque Tapgol 탑골공원
- Santuario real de Jongmyo 종묘
- Galería de instrumentos Nagwon 낙원악기상가

(541) MAJANG 마장

- Callejón de la Carne de Majangdong 마장동 고기 골목

(542) DAPSIMNI 답십리

- Calle del Arte Antiguo de Dapsimni 답십리 고미술 상가

- Se trata de una larga línea que cruza del oeste al este de Seúl, atravesando el río Han
- Es el tercer túnel subterráneo más largo del mundo (52,3 km)
- Número de estaciones: 51
- Terminales: Banghwa Sangildong / Macheon

IFC Mall (Centro comercial)
IFC 몰

Parque Yeouido
여의도공원

63 Square
63 스퀘어

Yeongdeungpo-gu Gukjegeumyung-ro 10
서울 영등포구 국제금융로 10

Yeongdeungpo-gu Yeouigongwon-ro 68
서울 영등포구 여의공원로 68

Yeongdeungpo-gu 63-ro 50
서울 영등포구 63로 50

Afirmando ser un "centro comercial de estándar internacional totalmente nuevo", es un edificio de 17 m de altura compuesto por pabellones de cristal, donde podrá disfrutar de pasillos modernos y espaciosos con abundante iluminación natural. Cuenta con muchas marcas de moda mundiales, como GAP, Guess, Giordano, H&M, Hollister y Lacoste, así como con marcas locales. También cuenta con una gran selección de restaurantes e instalaciones de ocio. Es un centro comercial moderno y futurista que merece la pena visitar. El complejo está conectado con el Hotel Conrad.

Es un enorme parque recreativo situado en el centro de Seúl, que originalmente era un lugar cubierto de asfalto frecuentado por patinadores y ciclistas. Tras su construcción en 1997, que duró dos años, se inauguró finalmente en 1999 y se convirtió en el lugar favorito de los ciudadanos de Seúl. Es conocido por sus hermosos cerezos en flor durante la primavera y por un espectáculo anual de fuegos artificiales que tiene lugar en octubre. Es un hermoso parque a orillas del río. Es mejor venir con el estómago vacío ya que hay un sinfín de restaurantes para elegir. Puede estar muy concurrido durante la temporada de florecimiento de los cerezos.

Con sus 250 m de altura, es la estructura revestida de oro más alta del mundo y fue el edificio más alto de Corea hasta 2003. Se construyó como punto de referencia para los Juegos Olímpicos de Verano de Seúl de 1988. Ofrece unas magníficas vistas del río Han y de las montañas. Sus instalaciones incluyen restaurantes, una galería de arte, un centro comercial y un acuario. Si puede desembolsar algo de dinero para una cita romántica nocturna, este es el lugar al que debe ir. Incluso tienen un ascensor dedicado específicamente a las parejas, que le ofrece un paseo exclusivo de 80 segundos en él (como parte de un paquete especial que adquiera).

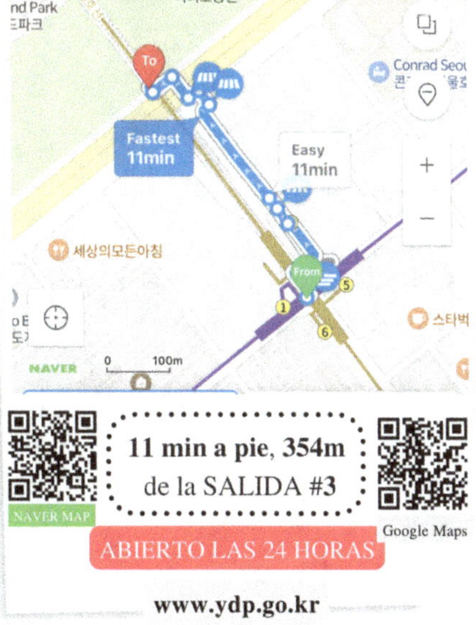

6 min a pie, 328m de la SALIDA #3

Todos los días 10 a.m. - 10 p.m.

ifcmallseoul.com

11 min a pie, 354m de la SALIDA #3

ABIERTO LAS 24 HORAS

www.ydp.go.kr

17 min a pie, 1.1km de la SALIDA #4

Todos los días
Acuario 10 a.m. - 7 p.m.
(última admisión 6:30 p.m.)
Exhibición de arte 10 a.m. - 8:30 p.m.
(última admisión 8 p.m.)

www.63art.co.kr

La plaza Gwanghwamun
광화문광장

Jongno-gu, Sejong-daero 175
서울 종로구 세종대로 175

Durante la dinastía Joseon, la Puerta Gwanghwamun era la puerta principal del Palacio Gyeongbokgung. En 2009, se construyó aquí una enorme plaza que llega hasta la plaza Cheonggye, y se convirtió en una atracción obligada tanto para los ciudadanos como para los turistas extranjeros. Se pueden ver enormes estatuas de las figuras históricas más queridas de Corea. La estatua del rey Sejong, que creó el hangul, se encuentra y sirve como centro de la plaza. La estatua del almirante Yi Sunshin, que salvó al país de la agresión japonesa, es también muy querida por los ciudadanos. También se encuentra la mítica criatura Haechi, que es el símbolo de la ciudad. Los estanques y fuentes artificiales refrescan a los ciudadanos en verano.

Detrás de la estatua del rey Sejong, hay una entrada a la sala de exposiciones en el espacio subterráneo, que conmemora la vida del rey, así como la historia del almirante Yi Suin Sin.

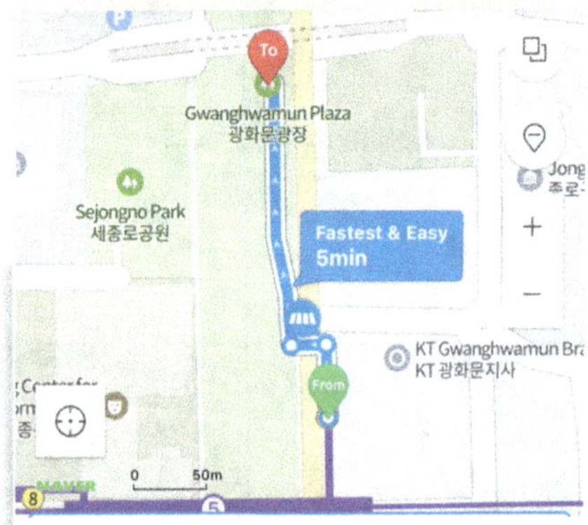

5 min a pie, 233m de la SALIDA #2

NAVER MAP · Google Maps

ABIERTO LAS 24 HORAS

gwanghwamun.seoul.go.kr/main.do

Mugyodong Nakji (Octopus)
무교동 낙지

Jongno-gu, Jongro-3-gil 30
서울 종로구 종로3길 30

Se trata de pulpo pequeño picado y marinado en gochujang (salsa de chile picante) y salteado con verduras como cebollas, cebolletas, col y zanahorias. Es más notorio por su picor procedente de la salsa gochujang, pero sus beneficios nutricionales lo compensan completamente. Suele recibir una cantidad igual de gustos y disgustos, pero si es un fanático de la comida picante, definitivamente debe probarlo (y llorar).

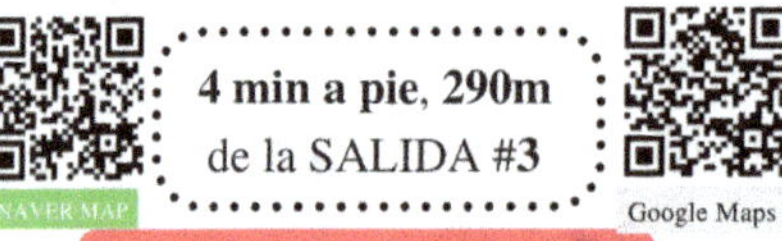

4 min a pie, 290m de la SALIDA #3

NAVER MAP · Google Maps

Todos los días 10 a.m. - 10 p.m.

Museo de Historia de Seúl
서울역사박물관

Jongno-gu, Saemunan-ro 55
서울 종로구 새문안로 55

En 2002, el Museo de Historia de Seúl abrió sus puertas en el emplazamiento del Palacio Gyeonghui para mostrar la historia y la cultura de Seúl desde la prehistoria hasta los tiempos modernos. El espacio y la exposición se componen de un sistema abierto, centrado en el patio alejado de la sala existente, y están orientados a la experiencia. Cuenta con un Rincón del Museo Táctil en el que se puede ver información en video sobre las reliquias mientras se las toca. Las exposiciones ayudan a entender Seúl organizando y mostrando la historia y la cultura tradicional de Seúl. Se ha convertido en un centro cultural de Seúl, proporcionando oportunidades a los ciudadanos de Seúl y a los visitantes extranjeros para sentir y experimentar la cultura de Seúl.

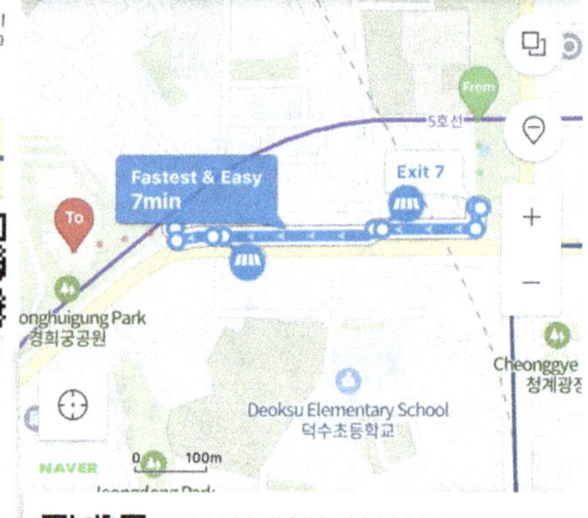

7 min a pie, 461m de la SALIDA #7

NAVER MAP · Google Maps

Todos los días 9 a.m. - 6 p.m. Cerrado los lunes. (si una fiesta nacional cae en lunes, se cierra al día siguiente).

museum.seoul.go.kr/eng/index.do

Centro Sejong para las Artes Escénicas
세종문화회관

Jongno-gu, Sejong-daero 175
서울 종로구 세종대로 175

Fue creado por el Gobierno Metropolitano de Seúl y es una institución cultural y artística representativa de Seúl. Fue la puerta de entrada a las artes escénicas coreanas y el único canal para las artes escénicas internacionales. Fue reconocido como uno de los principales recintos de artes escénicas del mundo y sirvió de cuna de las bellas artes coreanas en los años 70 y 80. Tras la remodelación del Gran Teatro Sejong, se han reorganizado la Sala de Cámara Sejong, el Teatro Sejong M, la Extensión del Edificio de Arte, el Museo de Arte Sejong y el Teatro Sejong S, y están sirviendo como centro cultural y artístico de Seúl a través de diversos eventos culturales. Visite la página web para obtener información sobre los eventos.

2 min a pie, 119m de la SALIDA #1

Google Maps

Compruebe el horario de los eventos.

www.sejongpac.or.kr

**Parque Tapgol
탑골공원**

5 min a pie, 338m de la SALIDA #1

**Santuario real de Jongmyo
종묘**

3 min a pie, 299m de la SALIDA #11

**Galería de instrumentos Nagwon
낙원악기상가**

2 min a pie, 146m de la SALIDA #5

Estos lugares ya están introducidos en las páginas anteriores.

Callejón de la Carne de Majangdong 마장동 고기 골목

Seongdong-gu, Majang-ro 35-gil 68
서울 성동구 마장로35길 68

Equipado con instalaciones modernas y limpias, es el mayor mercado de carne de Corea. Puede comprar carne fresca que llega cada hora. Proceden de muchas partes de Corea y del extranjero. Normalmente puede comprar carnes de alta calidad hasta un 30% más baratas de lo que pagaría en un supermercado. Muchas de las tiendas tienen también zonas de comedor anexas, y puede disfrutar de las carnes frescas allí mismo. Puede conseguir carne fresca coreana a un precio reducido. Sin embargo, no espere que sea un restaurante de barbacoa coreana de lujo.

16 min a pie, 826m de la SALIDA #2

Google Maps

Cada tienda tiene un horario diferente, pero la mayoría abre por la mañana.

(542) DAPSIMNI 답십리

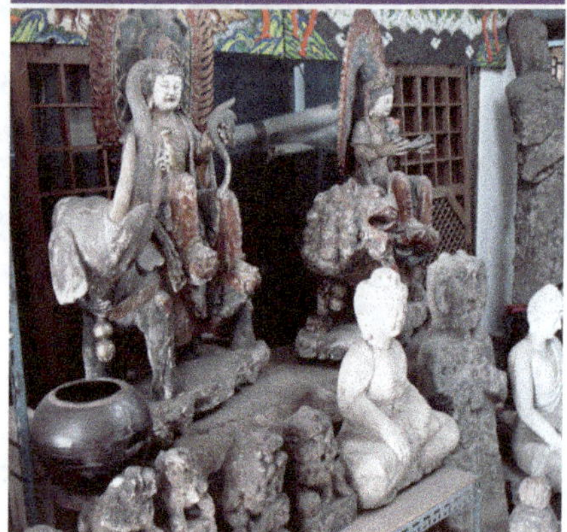

Calle del Arte Antiguo de Dapsimni
답십리 고미술 상가

Dongdaemun-gu, Gomisul-ro 39
서울 동대문구 고미술로 39

Las antigüedades ocupan las calles, desde estatuas de piedra que miden dos o tres veces la altura de una persona hasta adornos del tamaño de la palma de la mano. También hay varios tipos de otros artículos, desde muebles antiguos bastante grandes, pomos de puertas y estatuas de Buda hasta artículos domésticos como piedras de tinta, piedras de molino, hornos y cuencos de latón. Al entrar en una tienda, la densidad también se profundiza. También se pueden encontrar accesorios antiguos como las tradicionales horquillas ornamentales coreanas. Últimamente ha aumentado la proporción de productos antiguos procedentes de China y del sudeste asiático. A menudo se ven antigüedades occidentales. Los precios oscilan entre varios miles de KRW y varios millones de KRW.

NAVER MAP

1 min a pie, 97m de la SALIDA #2

Google Maps

Todos los días 9:30 a.m. - 7 p.m.
Cerrado los domingos

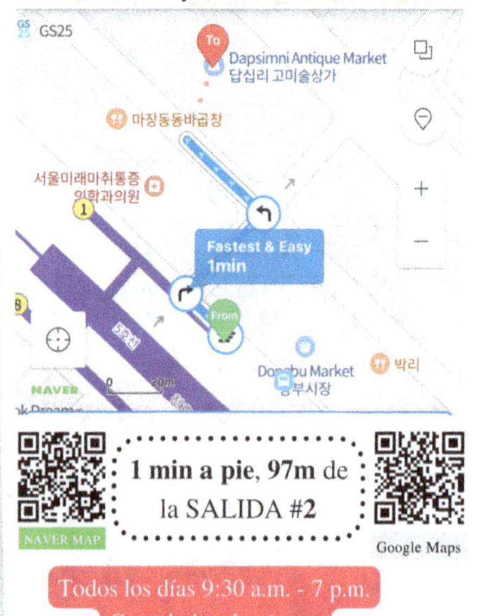

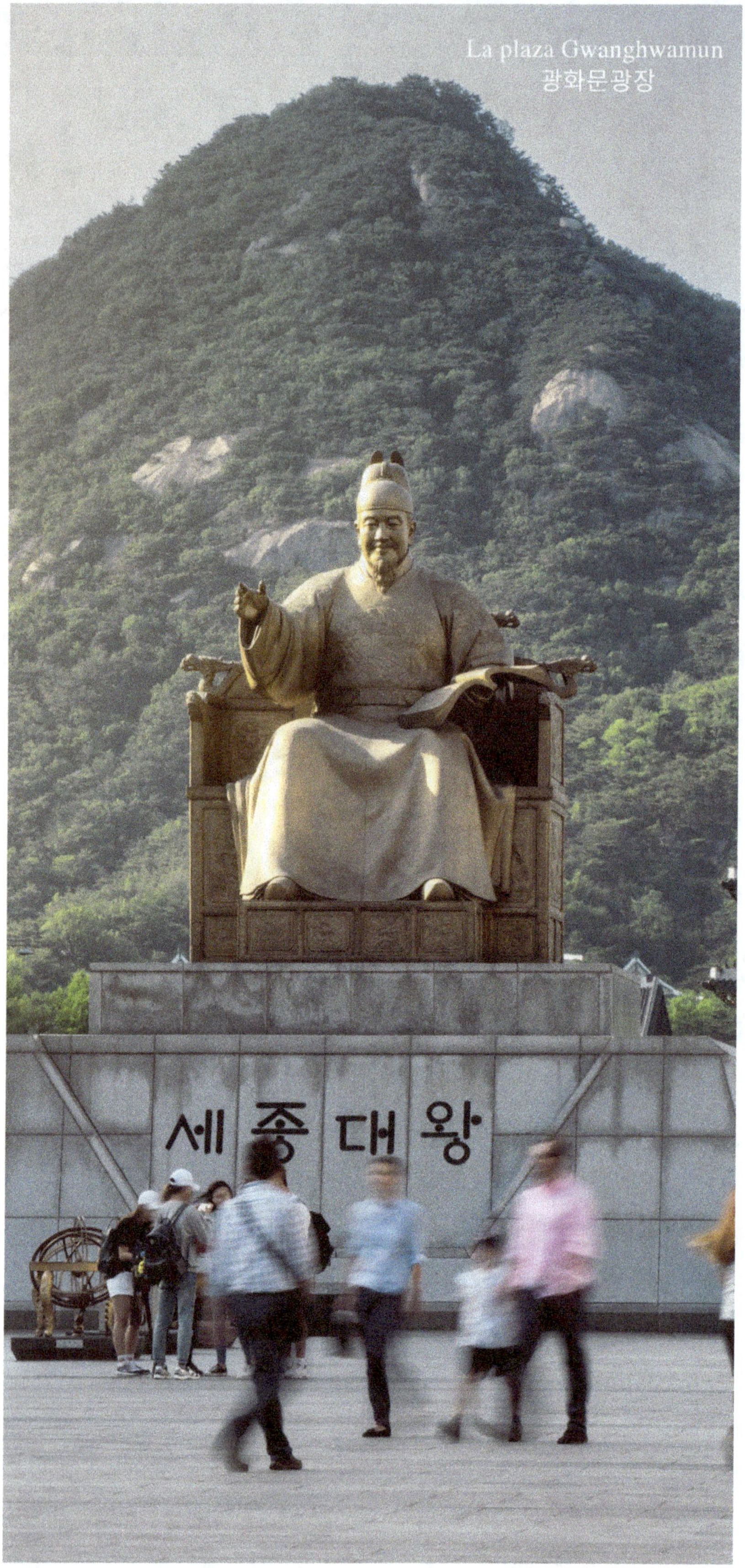

La plaza Gwanghwamun
광화문광장

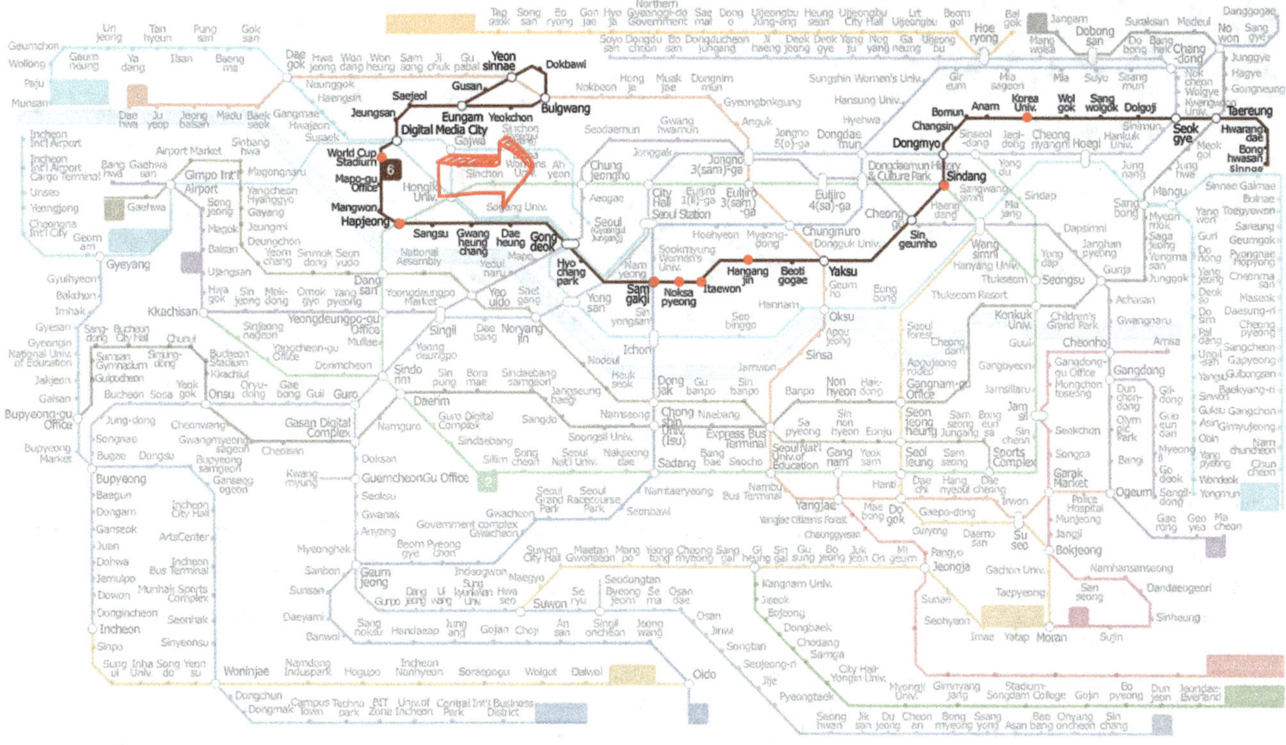

(619) WORLD CUP STADIUM 월드컵 경기장

- Estadio de la Copa del Mundo de Seúl
  서울 월드컵 경기장
- Parque de la World Cup
  월드컵 공원

(622)=(238) HAPJEONG 합정

- Cementerio de misioneros extranjeros de Yanghwajin
  양화진외국인선교사묘원
- Santuario de los mártires de Jeoldusan
  절두산 성지
- Mecenatpolis Mall (Centro comercial)
  메세나폴리스몰

(628)=(428) SAMGAKJI 삼각지

- Monumento a la Guerra
  전쟁기념관

(629) NOKSAPYEONG 녹사평

- Calle Gyeongridan-gil
  경리단길

(630) ITAEWON 이태원

- Zona turística especial de Itaewon
  이태원 관광 특구

(631) HANGANGJIN 한강진

- Jardín Botánico de Namsan
  남산 야외 식물원

(635)=(206) SINDANG 신당

- Mercado de pulgas de Hwanghakdong
  황학동 벼룩시장
- Chungmu Art Center
  충무 아트센터
- Sindangdong Tteokbokki Town
  신당동 떡볶이타운

(640) KOREA UNIVERSITY 고려대학교

- Tumbas reales de Yeonghwiwon y Sunginwon
  영휘원과 숭인원
- Sala conmemorativa del Rey Sejong el Grande
  세종대왕기념관

- Se trata de una línea en forma de U
- Cuando un tren llega a Eungam, pasa por lo que es el "Eungam Loop", un bucle de estaciones de un solo sentido, y luego continúa hasta Sinnae.
- Número de estaciones: 38
- Terminales: Eungam / Sinnae

Estadio de la World Cup de Seúl
서울 월드컵 경기장

Mapo-gu, Seongsan-dong 515-39
서울 마포구 성산동 515-39

Construido como estadio principal de la Copa Mundial de la FIFA Corea/Japón 2002, es el mayor estadio sólo de fútbol de Asia, con una capacidad de 66.704 asientos. El techo se diseñó con la forma de una cometa tradicional coreana y cubre el 90% de los asientos. Alrededor del estadio hay cinco parques temáticos, rodeados de árboles y fuentes, y son ideales para dar un paseo, tanto por la mañana como por la tarde. Cuando los mayores rivales de la KLeague (FC Seúl y Suwon Bluewings) se enfrentan en el estadio, debería considerar unirse a la multitud.

Parque de la World Cup
월드컵 공원

Mapo-gu, Haneulgongwon-ro 86
서울 마포구 하늘공원로 86

La isla de Nanjido, donde se encuentra el parque, fue un vertedero entre 1978 y 1993. Sin embargo, cuando se demolió la enorme montaña artificial y se creó un parque ecológico, ha renacido como un parque muy querido por los ciudadanos de Seúl en conmemoración de la Copa Mundial de Corea/Japón de la FIFA 2022. Cuenta con cinco parques temáticos, entre ellos el Parque Pyeonghwa (de la Paz), el Parque Haneul (del Cielo), el Parque Noeul (del Atardecer), el Parque Nanjicheon y el Parque Nanji Hangang. En la actualidad, 733.000 árboles de 92 especies llenan el parque, y el estanque Nanji y el stream Nanjicheon se suman para crear un hermoso paisaje natural. La Sala de Exposiciones del Parque Mundial, donde se puede ver la historia general y la transformación de la isla de Nanjido, y el Estanque Nanji, donde se pueden ver especies de animales y plantas y diversas aves, son lugares famosos del parque. Ahora, incluso en los días en los que no hay partidos de fútbol, es muy querido como sendero para los ciudadanos, y también se ofrecen varios programas y eventos de aprendizaje.

Cementerio de misioneros extranjeros de Yanghwajin 양화진외국인선교사묘원

5 min a pie, 320m de la SALIDA #7

Santuario de los mártires de Jeoldusan 절두산 성지

7 min a pie, 482m de la SALIDA #7

Mecenatpolis Mall (Centro comercial) 메세나폴리스몰

1 min a pie, 35m de la SALIDA #10

Estos lugares ya están introducidos en las páginas anteriores.

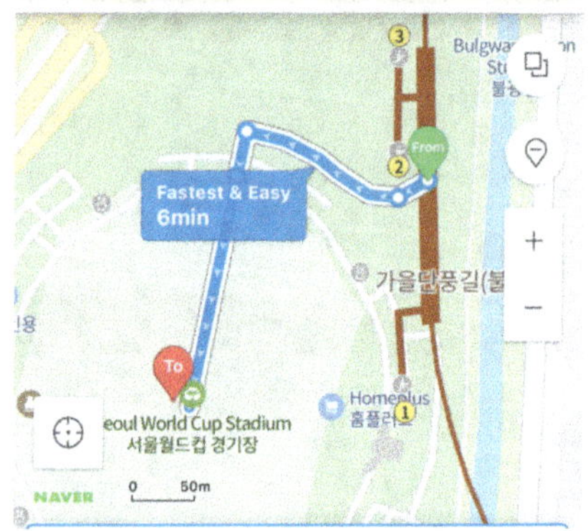

6 min a pie, 162m de la SALIDA #2

Compruebe el horario de los eventos for hours.

www.sisul.or.kropen_content/worldcup

15 min a pie, 528m de la SALIDA #1

ABIERTO LAS 24 HORAS

parks.seoul.go.krtemplate/sub/worldcuppark.do

Monumento a la Guerra
전쟁기념관

4 min a pie, 262m de la SALIDA #12

Este lugar ya está introducido en las páginas anteriores.

Gyeongridan-gil (Calle)
경리단길

Yongsan-gu, Noksapyeong-daero 234
서울 용산구 녹사평대로 234

Es una de las calles más populares de Itaewon. Cuando camina desde la salida 2 de la estación de Noksapyeong y sube la colina, puede encontrar pequeños restaurantes, cafés y pubs alineados a lo largo de los callejones que se extienden como telas de araña alrededor de la amplia calle. Las tiendas únicas de los callejones jugaron un papel crucial en la creación del actual Gyeongridangil, y como resultado, se formó un distrito comercial alrededor de los callejones, no en el borde de la carretera. Ha surgido rápidamente como un lugar de moda entre los jóvenes que están cansados de los cafés y restaurantes de franquicia. Hay un puñado de pubs de cerveza artesanal únicos. Parece que hay más restaurantes y pubs de cerveza artesanal regentados por extranjeros que por coreanos.

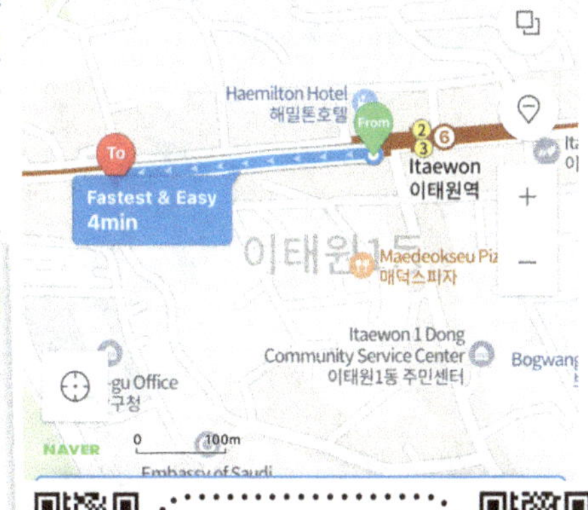

7 min a pie, 385m from EXIT 2

Google Maps

Cada tienda tiene su propio horario comercial.

Zona turística especial de Itaewon
이태원 관광 특구

Yongsan-gu, Itaewon-ro 150
서울 용산구 이태원로 150

Itaewon es la primera zona turística especial de Seúl y es un área multinacional y multicultural habitada por más de 20.000 extranjeros. En las callejuelas se concentran más de 2.000 tiendas, entre las que se encuentran establecimientos de alojamiento, restaurantes, locales de ocio y agencias de viajes. También es famosa la calle de los muebles antiguos, contando con más de 100 tiendas desde el Hotel Hamilton hasta Bogwangro. Además, puede experimentar la cultura y la comida exótica en la calle World Food, que está llena de restaurantes de más de 40 países dirigidos por extranjeros. Cada octubre se celebran diversos espectáculos y eventos, y es especialmente famoso el Festival de la Aldea Global de Itaewon. Los dólares estadounidenses y los yenes se utilizan libremente, y es fácil hacer negocios con comerciantes en idiomas como el inglés, el japonés y el chino. Es el lugar más exótico de Corea.

4 min a pie, 282m de la SALIDA #4

Google Maps

Cada tienda tiene su propio horario comercial.

Jardín Botánico de Namsan
남산 야외 식물원

Yongsan-gu, Itaewon-dong 259-16
서울 용산구 이태원동 259-16

Es un jardín botánico al aire libre situado en el Parque Natural Urbano de Namsan, en Yongsangu, Seúl. Está dividido en un estanque, un jardín botánico acuático, un complejo de pinos con pinos de las ocho provincias de Corea y un jardín de flores silvestres. La entrada es gratuita. En el centro, hay un "centro de experiencia forestal infantil" donde los niños pueden jugar. Hay un camino de acupresión en el camino hacia el complejo de pinos después de pasar por el jardín de musgo. En primavera y otoño, muchas flores florecen en el jardín silvestre y se puede ver un aspecto hermoso. No se pueden ver flores de junio a agosto.

23 min a pie, 1.3km de la SALIDA #1

Google Maps

ABIERTO LAS 24 HORAS

Mercado de pulgas de Hwanghakdong 황학동 벼룩시장

6 min a pie, 392m de la SALIDA #1

Chungmu Art Center 충무 아트센터

2 min a pie, 105m de la SALIDA #9

Sindangdong Tteokbokki Town 신당동 떡볶이타운

4 min a pie, 236m de la SALIDA #8

Estos lugares ya están introducidos en las páginas anteriores.

Tumbas reales de Yeonghwiwon y Sunginwon 영휘원과 숭인원

Dongdaemun-gu Hongreung-ro 90
서울 동대문구 홍릉로 90

Yeonghwiwon es la tumba de la reina Sunheon, la concubina del emperador Gojong del Imperio de Corea, y Sunginwon es la tumba de Yi Jinwon, el primer hijo del príncipe Uimin, el último príncipe heredero del Imperio de Corea. Pasear por el parque lejos de la ajetreada ciudad es una relajación reparadora que trasciende el tiempo y el espacio.

17 min a pie, 824m de la SALIDA #3

Google Maps

Todos los días 9 a.m. - 6 p.m.
Cerrado los lunes.

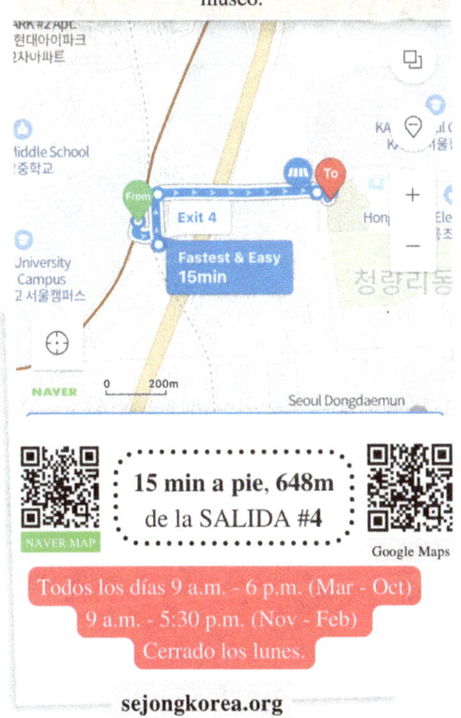

King Sejong the Great Memorial Hall 세종대왕기념관

Dongdaemun-gu Hoegi-ro 56
서울 동대문구 회기로 56

Establecido en honor al rey Sejong el Grande, considerado uno de los más grandes reyes de la historia de Corea por sus santas virtudes y brillantes logros. Se trata de un edificio de tres plantas que alberga una zona de exposiciones (Hangul, Ciencia, Música Tradicional, Arte y Exteriores), un auditorio, un laboratorio y una sala de consulta. Si alguna vez se ha preguntado por qué es venerado como el rey más grande de toda la historia de Corea, asentirá con la cabeza mientras aprende más sobre él en este gran museo.

15 min a pie, 648m de la SALIDA #4

Google Maps

Todos los días 9 a.m. - 6 p.m. (Mar - Oct)
9 a.m. - 5:30 p.m. (Nov - Feb)
Cerrado los lunes.

sejongkorea.org

Sindangdong Tteokbokki Town
신당동 떡볶이타운

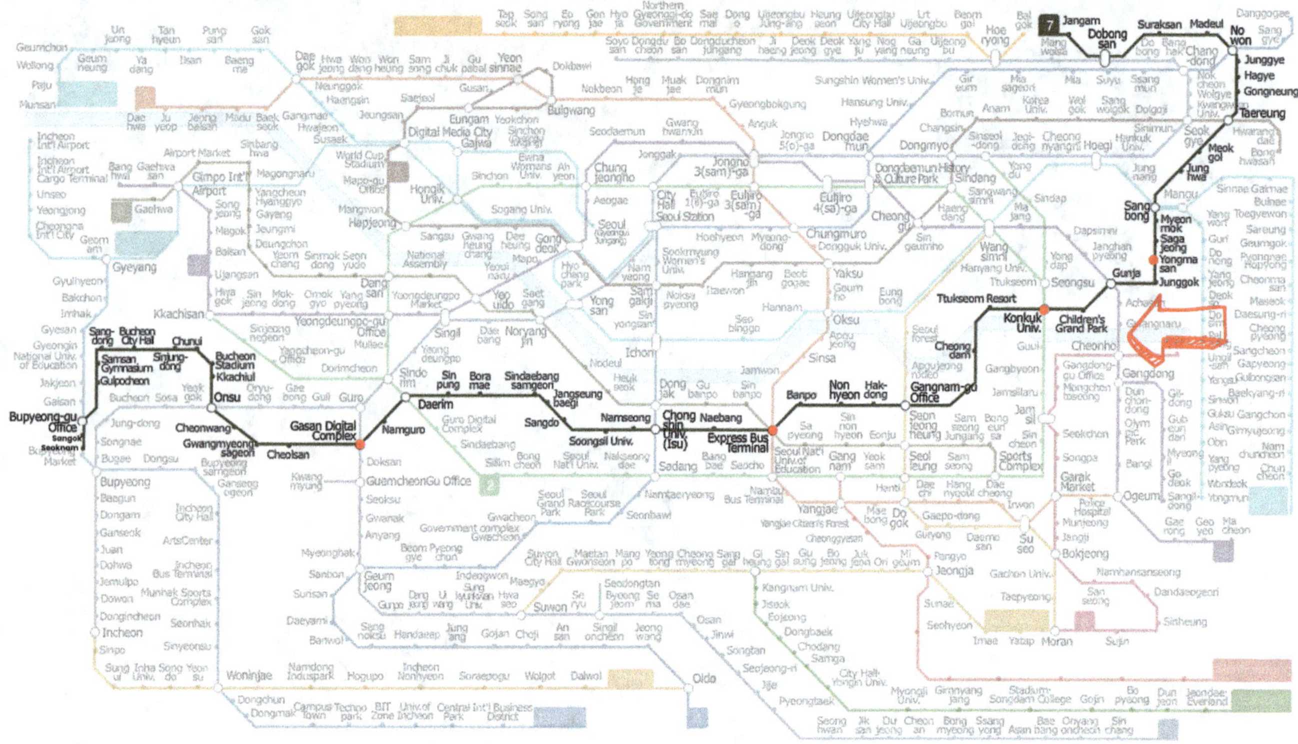

(723) YONGMASA 용마산

- El monte Yongmasan
  용마산

(727)=(212) KONKUK UNIV. 건대입구

- Common Ground
  커먼그라운드

(734)=(923)=(339) EXPRESS BUS TERMINAL 고속터미널

- GOTO Mall (complejo comercial subterráneo de la terminal de Gangnam)
  고투몰
- Sebit Seom (Isla Flotante) 세빛섬
- Central City 센트럴 시티

(746) GASAN DIGITAL COMPLEX 가산디지털단지

- Gasan Digital Complex Outlet Town
  가산디지털단지 아울렛타운

- Esta línea conecta el norte y el sur de Seúl pero no pasa por el centro de la ciudad.
- Número de estaciones: 53
- Terminales: Jangam / Seoknam

El monte Yongmasan
용마산

Jungnang-gu Myeonmok 4-dong San 75-1
서울특별시 중랑구 면목4동 산75-1

El monte Yongmasan tiene 348 metros de altura y cuenta con numerosas plataformas de observación que ofrecen grandes vistas de Seúl. Gracias a su agradable altitud, es apto para personas de todas las edades. De hecho, algunos van de excursión con ropa informal. Asegúrese de ver la cascada dentro del parque que se encuentra en su camino. Es la mayor cascada artificial de Asia. Su vecino, el monte Achasan, tiene sólo 287 metros de altura. También ofrece una gran vista de Seúl. Si opta por llegar a las cumbres de ambos montes, tardará unas 2 horas en total.

17 min a pie, 842m de la SALIDA #2

NAVER MAP

Google Maps

ABIERTO LAS 24 HORAS

Common Ground
커먼그라운드

3 min a pie, 196m de la SALIDA #6

Este lugar ya está introducido en las páginas anteriores.

GOTO Mall (complejo comercial subterráneo de la terminal de Gangnam)
고투몰

3 min a pie, 140m de la SALIDA #8-1

Sebit Seom (Isla Flotante)
세빛섬

24 min a pie, 1.3km de la SALIDA #8-1

Central City
센트럴 시티

1 min a pie, 50m de la SALIDA #3

Estos lugares ya están introducidos en las páginas anteriores.

Gasan Digital Complex Outlet Town
가산디지털단지 아울렛타운

Geumcheon-gu Beotkkot-ro 266
서울 금천구 벚꽃로 266

Aquí es donde las empresas de ropa ubicadas en el Complejo Industrial Guro operaban sus propias tiendas permanentes en el pasado. Con la apertura de Mario Outlet en 2001, se formó una gran ciudad de la moda hasta convertirse en lo que es hoy. Tras el éxito de Mario Outlet, han aparecido grandes outlets como W Mall, Fashion Island y Hansom Factory Outlet en las zonas cercanas. Hay zonas como Mario Square y Fashion Street, que permiten a los visitantes disfrutar de las compras mientras dan un tranquilo paseo al aire libre. Además, allí se celebran eventos a gran escala, como exposiciones de arte y clases de cocina. También cuenta con un patio de comidas de estilo europeo.

El monte Yongmasan 용마산

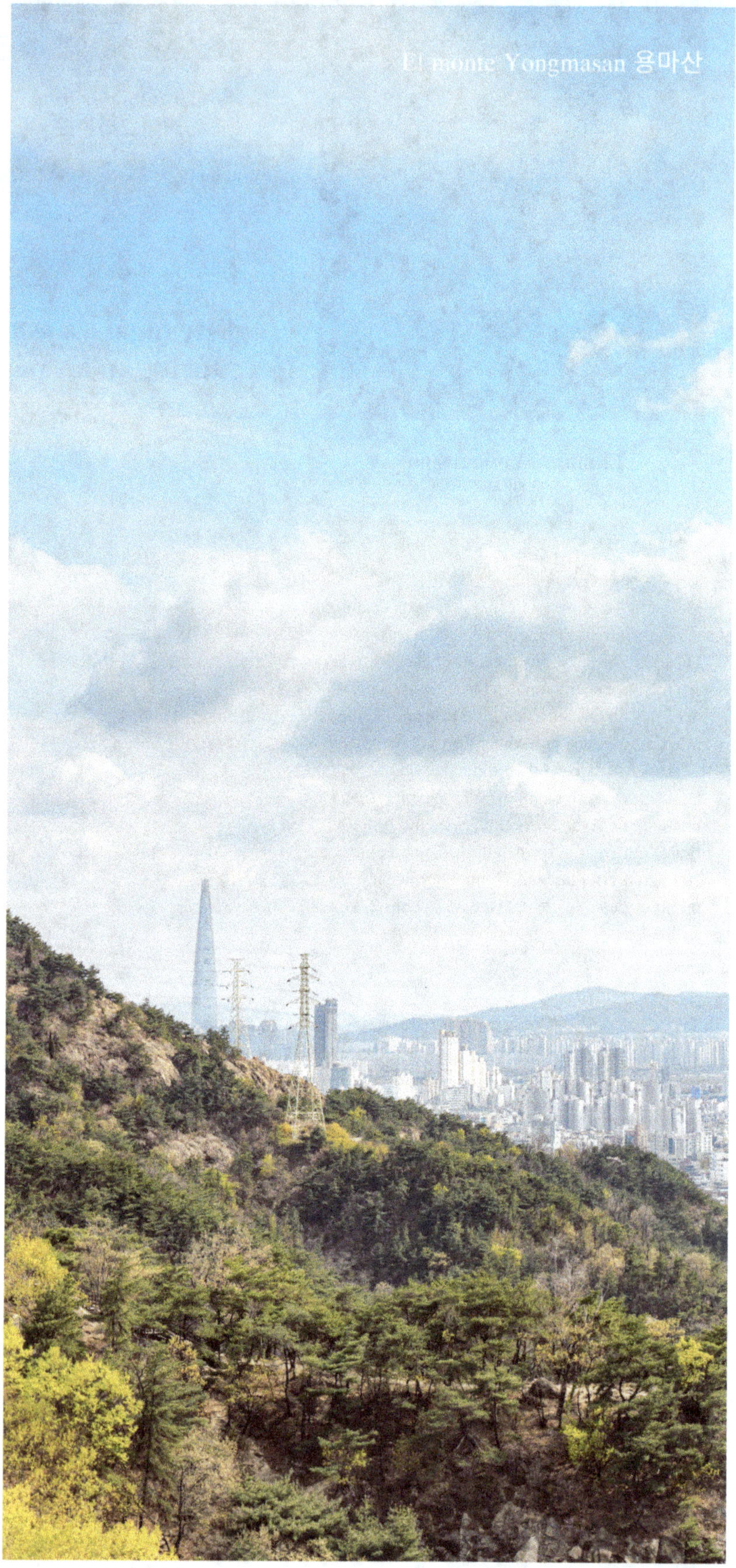

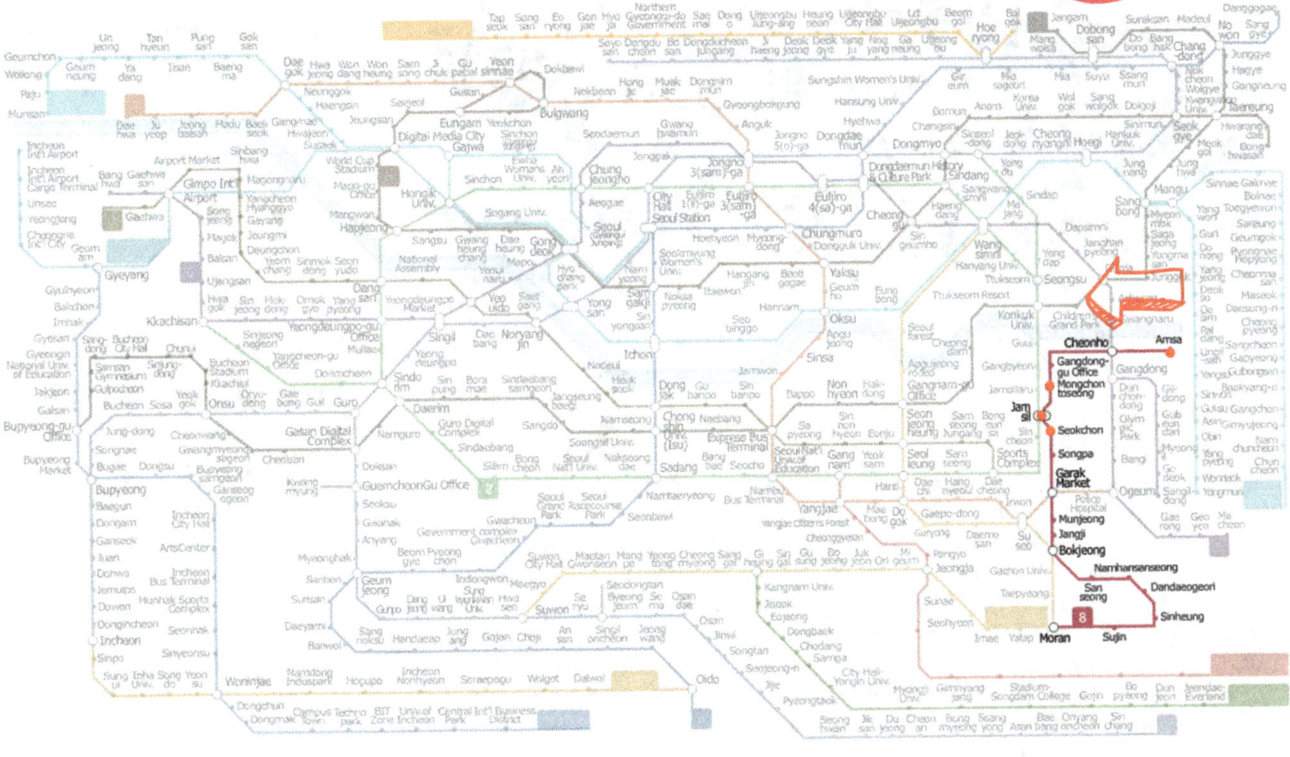

(810) AMSA 암사

- Sitio de asentamiento prehistórico de Amsadong 암사동 유적지

(813) MONGCHONTOSEONG 몽촌토성

- Parque Olímpico
  올림픽공원

(814)=(216) JAMSIL 잠실

- Lotte World
  롯데 월드
- Monumento de piedra de Samjeondobi
  삼전도비

(815)=(933) SEOKCHON 석촌

- Parque del Lago Seokchon
  석촌호수

- Esta línea es la que tiene menos estaciones y el recorrido más corto.
- Desde 2022, es una de las dos líneas (la otra es la línea 9) que no cruza el río Han.
- Número de estaciones: 18
- Terminales: Amsa / Moran

Amsa-dong Prehistoric Settlement Site 암사동 유적지

Gangdong-gu, Ollimpik-ro 875
서울 강동구 올림픽로 875

Este yacimiento fue excavado en 1925 después de que una inundación arrastrara la tierra a orillas del río Han, revelando numerosos artefactos antiguos como loza con forma de peine, flechas de piedra y hachas. Está establecido para reproducir el estilo de vida de la Era Neolítica (7.000 a.C. ~ 1.000 a.C.), con muchas atracciones como gigantescas cabañas de barro, salas de exposición y paseos. Es un lugar divertido y educativo para los niños y las familias que quieran aprender y experimentar la Era Neolítica.

20 min a pie, 1.3km de la SALIDA #4

Todos los días 9:30 a.m. - 6 p.m. Cerrado los lunes (si una fiesta nacional cae en lunes, se cierra al día siguiente.)

sunsa.gangdong.go.kr

**Parque Olímpico
올림픽공원**

Songpa-gu Ollimpik-ro 424
서울 송파구 올림픽로 424

Construido originalmente para albergar los Juegos Olímpicos de Verano de 1988, este parque de 408 acres se ha transformado en un gigantesco parque recreativo con estadios deportivos, bosques y una amplia zona de césped. Está dividido en varias zonas: parque deportivo de ocio, parque artístico cultural, parque ecológico y parque de experiencias históricas. Debido a su gran tamaño, se necesitan muchas horas (más de 3) para explorar completamente el parque. Por ello, es conveniente que se familiarice con la disposición del parque antes de empezar. Es un parque impresionante donde la modernidad y la naturaleza conviven en armonía. Suba al tren de carretera ("Tren Hodori") situado junto a la Plaza de la Paz para ahorrar tiempo.

1 min a pie, 34m de la SALIDA #1

ABIERTO LAS 24 HORAS

www.olympicpark.co.kr

**Lotte World
롯데 월드**

2 min a pie, 143m de la SALIDA #4

**Monumento de piedra de Samjeondobi
삼전도비**

6 min a pie, 270m de la SALIDA #3

Estos lugares ya están introducidos en las páginas anteriores.

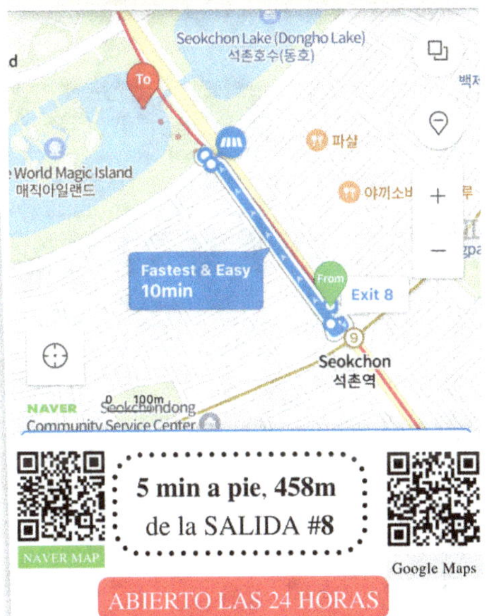

Parque del Lago Seokchon
석촌호수

Songpa-gu Jamsil-ro 148
서울 송파구 잠실로 148

Situado dentro del parque Songpa Naru, cuenta con dos lagos artificiales, el seoho (lago oeste) y el dongho (lago este), y el Songpadaero los atraviesa. Seoho tiene la "Isla Mágica" de Lotte World en el centro, mientras que dongho es conocido por sus rutas de senderismo y senderos para hacer footing dispuestos a lo largo de sus orillas. Acogió la escultura "Pato de goma" del artista holandés Florentijn Hofman en 2014. Es un parque tranquilo situado en los alrededores del complejo Lotte. Es uno de los mejores lugares para disfrutar de los cerezos en flor (abrilmayo) ya que no está tan concurrido como el parque Yeouido.

5 min a pie, 458m de la SALIDA #8

Google Maps

ABIERTO LAS 24 HORAS

Parque del Lago Seokchon
석촌호수

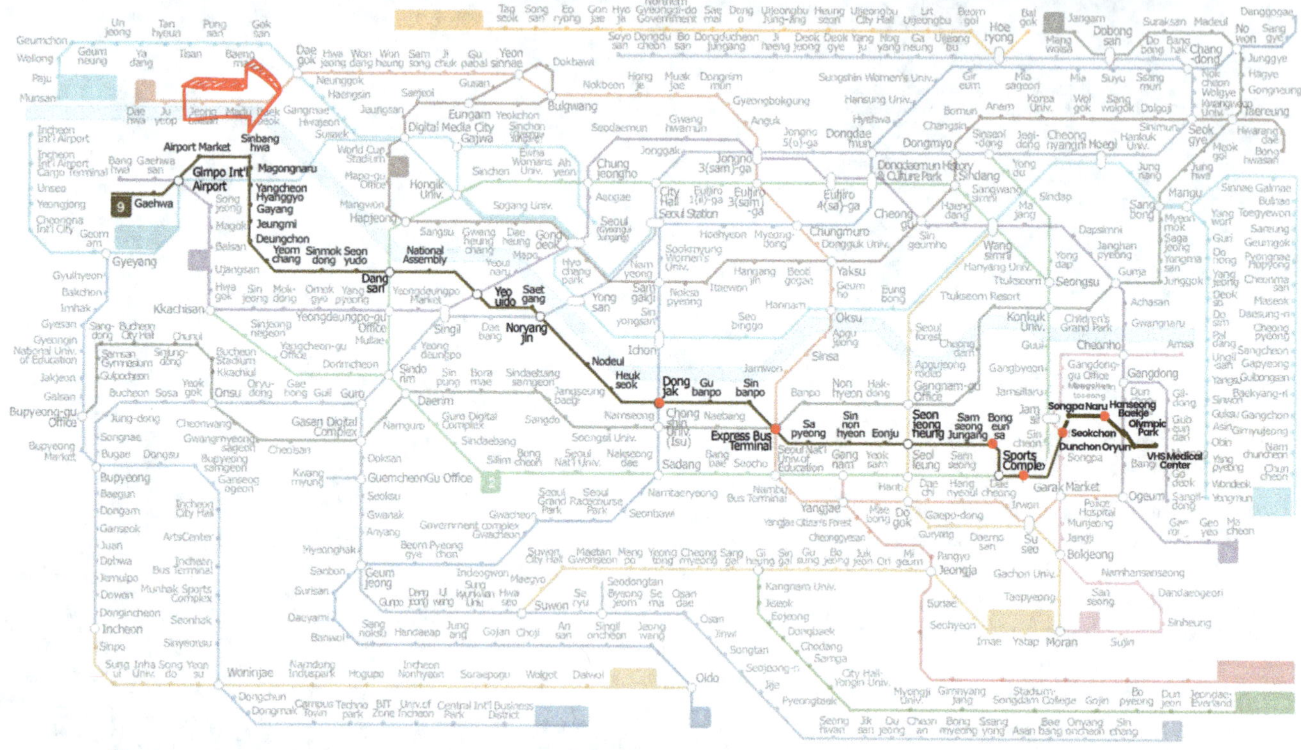

(906) YANGCHEON HYANGGYO 양천향교

- Escuela confuciana Hyanggyo de Yangcheon 양천향교

(912) SEONYUDO 선유도

- Parque Seonyudo 선유도 공원

(914) NATIONAL ASSEMBLY 국회의사당

- Edificio de la Asamblea Nacional 국회의사당

(915)=(525) YEOUIDO 여의도

- IFC Mall (Centro comercial) IFC 몰
- Parque Yeouido 여의도공원

(916) SAETGANG 샛강

Parque ecológico Yeouido Saetgang 여의도 생태공원

(136)=(917) NORYANGJIN 노량진

- Tumbas de los seis mártires de Sayuksinmyo 사육신묘
- Mercado pesquero de Noryangjin 노량진 수산시장

(920)=(431) DONGJAK 동작

- Cementerio Nacional 국립 서울 현충원

(923)=(734)=(339) EXPRESS BUS TERMINAL 고속터미널

- GOTO Mall (complejo comercial subterráneo de la terminal de Gangnam) 고투몰
- Sebit Seom (Isla Flotante) 세빛섬
- Central City 센트럴 시티

(929) BONGEUNSA 봉은사

- Templo Bongeunsa 봉은사
- COEX 코엑스

(933)=(815) SEOKCHON 석촌

- Parque del Lago Seokchon 석촌호수

(935) HANSEONG BAEKJE 한성백제

- Museo Baekje de Seúl (Hanseong) 한성백제박물관

- **Es la más reciente incorporación al sistema de metro de Seúl.**
- **Suele estar abarrotada de gente, sobre todo en las horas punta.**
- **úmero de estaciones: 38**
- **Terminales: Gaehwa / Centro Médico VHS**

Escuela confuciana Hyanggyo de Yangcheon 양천향교

Gangseo-gu, Yangcheon-ro 47 Na-gil 53
서울 강서구 양천로47나길 53

Hyanggyo es una institución educativa establecida por el Estado para la educación y la edificación de los residentes locales mediante la realización de rituales a Confucio y a varios sabios. Yangcheonhyanggyo Esta escuela se construyó por primera vez en el undécimo año del rey Taejong (1411) de la dinastía Joseon, y se restauró completamente en 1981. Los edificios incluyen el Santuario Daeseongjeon, una sala conmemorativa, la Sala de Conferencias Myeongnyundang, un auditorio que cumple funciones educativas, Dongjae y Seojae, un dormitorio para estudiantes, la Puerta Naesammun y la Puerta Oesammun. En el interior del Santuario de Daeseongjeon están consagradas las tablillas de Confucio y sus discípulos. Ahora la función educativa ha desaparecido y sólo queda la función de ritos ancestrales. La escuela confuciana de Yangcheonhyanggyo es la única escuela confuciana local de Seúl de las 234 escuelas confucianas locales de todo el país.

7 min a pie, 450m de la SALIDA #2

Google Maps

Todos los días 10 a.m. - 4 p.m. Cerrado los lunes.

hyanggyo.net

Parque Seonyudo
선유도 공원

Yeongdeungpo-gu, Seonyu-ro 343
서울 영등포구 선유로 343

Se trata de una pequeña isla en forma de pico situada en el centro del río Han, que ha sido durante mucho tiempo amada por artistas y poetas. Sin embargo, a través de la época colonial japonesa, el antiguo aspecto del pico Seonyubong desapareció, y de 1978 a 2000, se utilizó como planta de purificación de agua para suministrar agua corriente a la parte suroeste de Seúl. En 2002, se ha regenerado como un parque ecológico que proporciona ocio, recreo y educación. Se puede observar el crecimiento y el proceso de depuración de varias plantas acuáticas que purifican el agua, así como espacios culturales de recreo como un anfiteatro y clases educativas.

15 min a pie, 795m de la SALIDA #2

Google Maps

ABIERTO LAS 24 HORAS

www.ydp.go.kr

Edificio de la Asamblea Nacional
국회의사당

Yeongdeungpo-gu, Euisadang-daero 1
서울 영등포구 의사당대로 1

Situado en Yeouido, el edificio de la Asamblea Nacional simboliza la democracia y los derechos humanos en Corea. En el edificio de la Asamblea Nacional se encuentra el edificio principal, la Biblioteca de la Asamblea Nacional a la derecha y el Salón de la Asamblea Nacional a la izquierda. Puede encontrarla fácilmente desde las salidas 1 y 6 de la estación del edificio de la Asamblea Nacional. La biblioteca está bien organizada. Aunque no hay muchos asientos disponibles, tampoco hay mucha gente.

1 min a pie, 41m de la SALIDA #6

Google Maps

korea.assembly.go.kr

Los visitantes pueden reservar una visita enviando un correo electrónico a visitor@assembly.go.kr al menos 3 días antes de la fecha prevista.

IFC Mall (Centro comercial)
IFC 몰

6 min a pie, 328m de la SALIDA #3

Parque Yeouido
여의도공원

11 min a pie, 354m de la SALIDA #3

Parque ecológico Yeouido Saetgang
여의도 생태공원

Yeongdeungpo-gu Yeouido-dong 49
서울 영등포구 여의도동 49

Es el primer parque ecológico construido en Corea. Se inauguró originalmente en 1997 y tuvo un proyecto de renovación completa que tuvo lugar entre 2008 y 2011. Como resultado, se convirtió en un enorme parque con seis temas diferentes. Está lleno de especies raras de flora y fauna, como cernícalos, garzas y pececillos. Es adyacente al Parque Yeouido pero tiene un ambiente diferente: se siente más la naturaleza y está menos concurrido.

6 min a pie, 647m de la SALIDA #4

ABIERTO LAS 24 HORAS

www.ydp.go.kr

Tumbas de los seis mártires de Sayuksinmyo 사육신묘

14 min a pie, 697m de la SALIDA #2

Mercado pesquero de Noryangjin
노량진 수산시장

4 min a pie, 248m de la SALIDA #1

Cementerio Nacional
국립 서울 현충원

1 min a pie, 62m de la SALIDA #4

Este lugar ya está introducido en las páginas anteriores.

GOTO Mall (complejo comercial subterráneo de la terminal de Gangnam)
고투몰

3 min a pie, 140m de la SALIDA #8-1

Sebit Seom (Isla Flotante)
세빛섬

24 min a pie, 1.3km de la SALIDA #8-1

Central City
센트럴 시티

1 min a pie, 50m de la SALIDA #3

Estos lugares ya están introducidos en las páginas anteriores.

Templo Bongeunsa
봉은사

Gangnam-gu Bongeunsa-ro 531
서울 강남구 봉은사로 531

Este templo de 1.200 años de antigüedad se llamaba originalmente templo Gyeonseongsa y fue construido en el año 794 durante el Reino de Silla (57 a.C. 935 d.C.). Tras sobrevivir a la supresión del budismo por parte de la dinastía Joseon, se convirtió en el templo principal de la secta coreana Seon 선 (Zen) del budismo desde 1551 hasta 1936. También es un lugar turístico famoso por su "Programa de Estancia en el Templo", en el que los visitantes pueden vivir la vida de un monje durante unas horas todos los jueves de 2 a 4 de la tarde, el programa de vida en el templo está disponible para los visitantes extranjeros. Incluye una visita al templo, la confección de linternas de loto, Dado (ceremonia para beber té) y la oportunidad de hablar con un monje. Todas las actividades se realizan en inglés. Con los rascacielos y los edificios modernos a su alrededor, este tranquilo templo crea el contraste más dramático de Corea que resulta tan inspirador. Visite la página web para obtener la información más reciente.

Todos los días 5 a.m. - 10 p.m.

www.bongeunsa.org

(929) BONGEUNSA 봉은사

COEX
코엑스

Abreviatura de "Convención y Exposición", este colosal complejo alberga el centro de convenciones y exposiciones, el centro comercial COEX, tres hoteles de lujo, una terminal de aeropuerto urbano donde puede facturar y enviar el equipaje sin tener que ir al aeropuerto de Incheon, un multicine y el acuario COEX. El centro comercial es el mayor centro comercial subterráneo de Asia y cuenta con una gran variedad de tiendas de moda, estilo de vida, accesorios y electrónica, además de una gran selección de restaurantes y cafeterías. Es un centro comercial enorme y de moda que lo tiene todo para sus necesidades de entretenimiento.

EXIT #7 está conectada directamente con el centro comercial

Google Maps

COEX Convención 10 a.m. - 6 p.m.
Starfield COEX Mall 10:30 a.m. - 10 p.m.

www.coex.co.kr

(933)=(815) SEOKCHON 석촌

Parque del Lago Seokchon
석촌호수

5 min a pie, 458m de la SALIDA #8

Este lugar ya está introducido en las páginas anteriores.

(935) HANSEONG BAEKJE 한성백제

Museo Baekje de Seúl (Hanseong)
한성백제박물관

Es un museo urbano establecido en un antiguo emplazamiento histórico en Songpagu para preservar la historia y los restos de Baekje, uno de los Tres Reinos de la antigua Corea. Es un lugar donde puede estudiar las reliquias de Baekje en el pasado, así como la historia de otras épocas, en la sala de exposiciones especial, incluyendo una experiencia de video en 4D. Como está en el Parque Olímpico, puede disfrutar del parque y del museo juntos. En particular, si acude al Festival Hansung Baekje en otoño, podrá vivir varias experiencias en el museo.

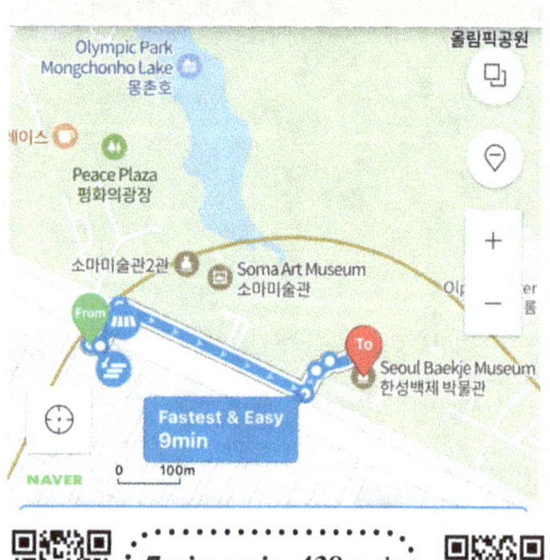

7min a pie, 438m de la SALIDA **#2**

Google Maps

Todos los días 9 a.m. - 7 p.m.
(Nov - Feb SÁB/DOM/Fiesta nacional 9 a.m. - 6 p.m.)
Cerrado los lunes.

museum.seoul.go.kr

UNA EXPERIENCIA REAL

(132)=(201) CITY HALL 시청

El palacio Deoksugung
덕수궁

Jung-gu Sejong-daero 99
서울 중구 세종대로99

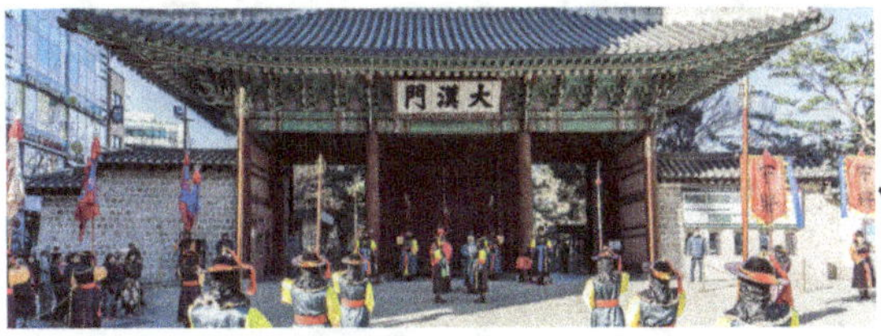

aprox. 28 min

- Tome el tren con destino a JONGGAK 종각 en la línea (132) CITY HALL 시청.
- Recorra 2 estaciones y bájese en la estación (130)=(329) JONGNO 3GA 종로3가.
- Haga un trasbordo a la línea 3 caminando hasta el andén.
- Tome el tren con destino a ANGUK 안국.
- Recorra 2 estaciones y bájese en la estación (328) ANGUK 안국. SALIDA #3.

(328) ANGUK 안국

El palacio Changdeokgung
창덕궁

Jongno-gu Yulgok-ro 99
시울 콩토구 뮬곡로 99

El palacio Changgyeonggung
창경궁

Jongno-gu Changgyeonggung-ro 185
서울 종로구 창경궁로 185

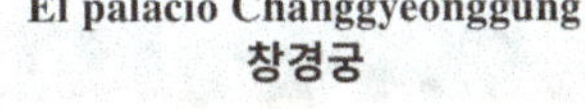

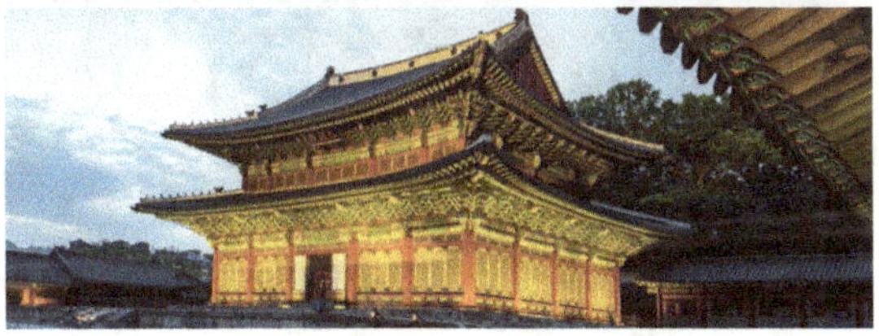

- Tome el tren con destino a GYEONGBOKGUNG 경복궁 en la estación (328) ANGUK 안국.
- Siga 1 estación y salga en la estación (327) GYEONGBOKGUNG 경복궁. SALIDA #5

aprox. 7 min

(327) GYEONGBOKGUNG 경복궁

El palacio Gyeongbokgung
경복궁

Jongno-gu Sajik-ro 161
서울 종로구 사직로 161

Cheongwadae
청와대

Jongno-gu Hyojaro13-gil 45
서울 종로구 효자로13길 45

UNA ESCAPADA ESPIRITUAL

(131) JONGGAK 종각

Templo Jogyesa
조계사

Jongno-gu Ujeongguk-ro 55
서울 종로구 우정국로 55

aprox. 16 min

- Tome el tren con destino a CITY HALL 시청 en la estación (131) JONGGAK 종각.
- Avance 1 estación y bájese en (132)=(201) CITY HALL 시청. SALIDA 6

(132)=(201) CITY HALL 시청

Altar de Hwangudan
환구단

Jung-gu Sogong-ro 106
서울 중구 소공로 106

aprox. 18 min

- Tome el tren con destino a la ESTACIÓN DE SEÚL 서울역 en la estación (132)=(201) CITY HALL 시청.
- Avance 1 estación y bájese en (133)=(426) SEOUL STATION 서울역.
- Haga un transbordo a la línea 4 caminando hasta el andén.
- Tome la estación con destino a HOEHYEON 회현.
- Recorra 2 estaciones y bájese en la estación (424) MYEONGDONG 명동. SALIDA #10

(424) MYEONGDONG 명동

La catedral católica de Myeongdong
명동 성당

Jung-gu, Myeongdong-gil 74
서울 중구 명동길 74

aprox. 45 min

- Tome el tren con destino a HOEHYEON 회현 en la estación (424) MYEONGDONG 명동.
- Recorra 7 estaciones y bájese en la estación (431)=(920) DONGJAK (CEMENTERIO NACIONAL DE SEÚL) 동작(현충원).
- Haga un transbordo a la línea 9 caminando hasta el andén.
- Tome el tren con destino a GUBANPO 구반포.
- Recorra 4 estaciones más y bájese en la estación (929) BONGEUNSA 봉은사. SALIDA #1

(929) BONGEUNSA 봉은사

Templo Bongeunsa
봉은사

Gangnam-gu Bongeunsa-ro 531
서울 강남구 봉은사로 531

¿QUIERE IR DE TIENDAS?

(126)=(211-4) SINSEOLDONG 신설동

Mercado popular de Seúl
서울풍물시장

Dongdaemun-gu Cheonho-daero 4-gil 21
서울 동대문구 천호대로 4길 21

aprox. 24 min

- Tome el tren con destino a DONGMYO 동묘앞 en la estación (126)=(2114) SINSEOLDONG 신설동.
- Pase 2 estaciones y bájese en la estación (128)=(421) DONGDAEMUN 동대문. SALIDA #8

(128)=(421) DONGDAEMUN 동대문

Dongdaemun Fashion Town
동대문 패션타운

Jung-gu, Jangchungdan-ro 263
서울 중구 장충단로 263

aprox. 16 min

- Haga un transbordo a la línea 4 caminando hasta el andén.
- Tome el tren DONGDAEMUN HISTORY & CULTURE PARK 동대문역사문화공원.
- Recorra 3 estaciones y bájese en la estación (424) MYEONGDONG. SALIDA #5

(424) MYEONGDONG 명동

Myeongdong
명동

Jung-gu, Myeongdong 2-ga
서울 중구 명동2가

aprox. 5 min

- Tome el tren con destino OIDO 오이도 en la estación (424) MYEONGDONG 명동.
- Siga 1 estación y bájese en la estación (425) HOEHYEON 회현. SALIDA #5

(425) HOEHYEON 회현

Mercado de Namdaemun
남대문 시장

Jung-gu, Namdaemunshijang 4-gil 21
서울 중구 남대문시장4길 21

RINDIENDO RESPETO

(238)=(622) HAPJEONG 합정

Santuario de los mártires de Jeoldusan 절두산 성지

Mapo-gu, Tojeong-ro 6
서울 마포구 토정로 6

Cementerio de misioneros extranjeros de Yanghwajin 양화진외국인선교사묘원

Mapo-gu Yanghwajin-gil 46
마포구 양화진길 46

aprox. 28 min

- Tome el tren con destino a DANGSAN 당산 en la estación (238)=(622) HAPJEONG 합정.
- Avance 1 estación y bájese en la estación (237)=(913) DANGSAN 당산.
- Haga un transbordo a la línea 9 caminando hasta el andén.
- Tome el tren con destino a la ASAMBLEA NACIONAL 국회의사당 en (913)=(237).
- Recorra 4 estaciones y bájese en la estación (917)=(136) NORYANGJIN 노량진. SALIDA #2

(917)=(136) NORYANGJIN 노량진

Tumbas de los seis mártires de Sayuksinmyo 사육신묘

Dongjak-gu Noryangjin 1-dong
서울 동작구 노량진1동

aprox. 24 min

- Tome el tren con destino a NODEUL 노들 en la estación (136)=(917) NORYANGJIN 노량진.
- Recorra 3 estaciones y bájese en la estación (920)=(431) DONGJAK 동작. SALIDA #8

(920)=(431) DONGJAK 동작

**Cementerio Nacional
국립 서울 현충원**

Dongjak-gu Hyeonchung-ro 210
서울 동작구 현충로 210

(326) DONGNIMMUN 독립문

Sala de Historia de la Prisión de Seodaemun 서대문 형무소

Seodaemun-gu, Tongil-ro 251
서울 서대문구 통일로 251

Puerta de Dongnimmun
독립문

Seodaemun-gu Hyeonjeo-dong 941
서울 서대문구 현저동 941

aprox. 24 min

- Tome el tren con destino a GYEONGBOKGUNG 경복궁 en la estación (326) DONGNIMMUN 독립문.
- Recorra 2 estaciones y bájese en la estación (328) ANGUK 안국. SALIDA 4

(328) ANGUK 안국

Museo Folclórico Nacional de Corea
국립민속박물관

Jongno-gu, Samcheong-ro 37
서울 종로구 삼청로 37

aprox. 40 min

- Tome el tren JONGNO 3(SAM)GA 종로3가 con destino a la estación (328) ANGUK 안국.
- Recorra 3 estaciones y bájese en la estación (331)=(423) CHUNGMURO 충무로.
- Haga un transbordo a la línea 4 caminando hasta el andén.
- Tome el tren con destino a MYEONGDONG 명동.
- Recorra 5 estaciones y bájese en la estación (428)=(628) SAMGAKJI 삼각지. SALIDA #1

(428)=(628) SAMGAKJI 삼각지

Monumento a la Guerra
전쟁기념관

Yongsan-gu, Itaewon-ro 29
서울 용산구 이태원로 29

aprox. 40 min

- Haga un transbordo a la línea 6 caminando hasta el andén.
- Tome el tren con destino a NOKSAPYEONG 녹사평.
- Recorra 12 estaciones y bájese en (640) KOREA UNIV. 고려대 estación. SALIDA #3

(640) KOREA UNIV. 고려대

Sala conmemorativa del Rey Sejong el Grande 세종대왕 기념관

Dongdaemun-gu Hoegi-ro 57
서울 동대문구 회기로 57

(421)=(128) DONGDAEMUN 동대문

Parque Heunginjimun
흥인지문 공원

Jongno-gu Jong-ro 6-ga 70
서울 종로구 종로6가 70

(421)=(128) DONGDAEMUN 동대문

Cheonggyecheon
청계천

Jongno-gu Changsin-dong
서울 종로구 창신동

aprox. 22 min

- Tome el tren con destino a DONGDAEMUN HISTORY & CULTURE PARK 동대문역사문화공원 en (421)=(128) DONGDAEMUN 동대문 estación.
- Recorra 2 estaciones y bájese en la estación (423)=(331) CHUNGMURO 충무로. SALIDA 4.

(423)=(331) CHUNGMURO 충무로

Pueblo Namsangol Hanok
남산골 한옥 마을

Jung-gu, Toegye-ro 34-gil 28
서울 중구 퇴계로34길 28

aprox. 8 min

- Coja la línea DONGGUK UNIV. 동대입구 con destino a la estación (423)=(331) CHUNGMURO 충무로.
- Haga un transbordo a la línea 3 caminando hasta el andén.
- Tome el tren con destino a OGEUM 오금.
- Recorra 5 estaciones y bájese en la estación (336) APGUJEONG 압구정. SALIDA 6.

(336) APGUJEONG 압구정

K-Star Road (Calle)
케이스타 로드

Gangnam-gu, Apgujeong-ro 394
서울 강남구 압구정동 394

aprox. 36 min

- Tome el tren con destino a SINSA 신사 en la estación (336) APGUJEONG 압구정.
- Recorra 4 estaciones y bájese en (340)=(223) SEOUL NAT'L UNIV. OF EDUCATION 교대(법원/검찰청).
- Haga un transbordo a la línea 2 caminando hasta el andén.
- Tome el tren con destino a la estación de GANGNAM 강남역.
- Recorra 3 estaciones y bájese en (220) SEOLLEUNG 선릉. SALIDA 10.

(220) SEOLLEUNG 선릉

Tumbas reales de Seonjeongneung
서울 선릉과 정릉

Gangnam-gu Samseong-2-dong 100-gil 1
서울 강남구 삼성2동 선릉로100길 1

¡COMAMOS!

(917) NORYANGJIN 노량진

Mercado pesquero de Noryangjin
노량진 수산 시장

Dongjak-gu Nodeul-ro 674
서울 동작구 노들로 674

aprox. 36 min

- Take the YONGSAN 용산 bound train at (136)=(917) NORYANGJIN 노량진 station.
- Go 7 stations and get off at (129) JONGNO-5(O)-GA 종로5가. **EXIT #8**

(129) JONGNO-5(O)-GA 종로5가

Mercado de Gwangjang
광장시장

Jongno-gu Changgyeonggung-ro 88
서울 종로구 창경궁로 88

aprox. 18 min

- Tome el tren con destino a JONGNO3(SAM)GA 종로3가 en la estación (129) JONGNO5(O)GA 종로5가.
- Avance 1 estación y bájese en (130)=(329)=(534) JONGNO3(SAM)GA 종로3가.
- Haga un transbordo a la línea 3 caminando hasta el andén.
- Tome el tren EULJIRO3(SAM)GA 을지로 3가.
- Recorra 7 estaciones y bájese en la estación (332) DONGGUK UNIVERSITY 동대입구역. SALIDA 3.

(332) DONGGUK UNIVERSITY 동대입구역

Callejón Jokbal (Manitas de cerdo al vapor)
상중동 족발 골목

Jung-gu, Jangchungdan-ro 174
서울 중구 장충단로 174

aprox. 41 min

- Tome el tren con destino a YAKSU 약수 en la estación (332) DONGGUK UNIVERSITY 동대입구역.
- Siga 8 estaciones y bájese en (340)=(223) SEOUL NAT'L UNIV. OF EDUCATION 교대(법원/검찰청).
- Haga un transbordo a la línea 2 caminando hasta el andén.
- Tome el tren con destino a SEOCHO 서초.
- Recorra 7 estaciones y bájese en la estación (230) SILLIN 신림. SALIDA 4

(230) SILLIM 신림

Sillim-dong Sundae Town
신림동 순대타운

Gwanak-gu, Sillim-ro 59-gil 14
서울 관악구 신림로 59길 14

aprox. 38 min

- Tome el tren con destino a SINDAEBANG 신대방 en la estación (230) SILLIM 신림.
- Recorra 19 estaciones y bájese en la estación (206)=(635) SINDANG 신당. SALIDA #8

(206)=(635) SINDANG 신당

Sindangdong Tteokbokki Town
신당동 떡볶이타운

Jung-gu Cheonggu-ro 77
서울 중구 청구로 77

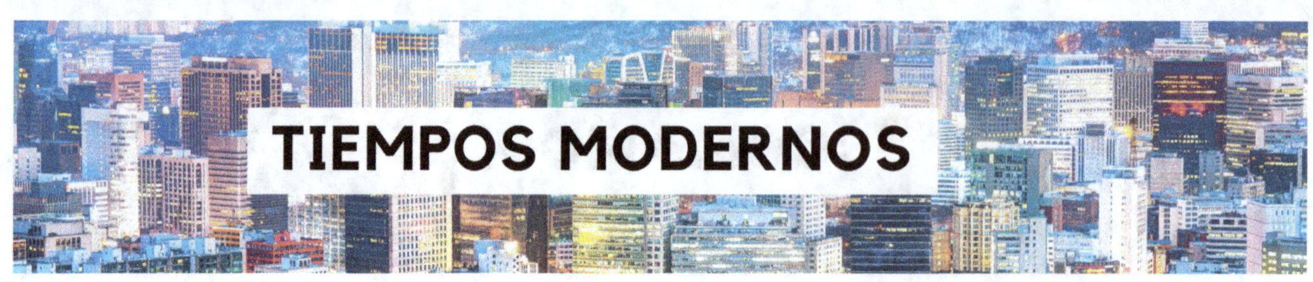

TIEMPOS MODERNOS

(536) DONGDAEMUN HISTORY & CULTURE PARK 동대문역사문화공원

Dongdaemun Digital Plaza (DDP)
동대문 디지털 플라자

Jung-gu, Eulji-ro 281
서울 중구 을지로 281

aprox. 38 min

- Tome el tren EULJIRO 4(SA)GA 을지로 4가 con destino a (536) DONGDAEMUN HISTORY & CULTURE PARK 동대문역사문화공원.
- Recorra 9 estaciones y bájese en la estación (527) YEOUINARU 여의나루. SALIDA 4

(527) YEOUINARU 여의나루

63 Square
63 스퀘어

Yeongdeungpo-gu 63-ro 50
서울 영등포구 63로 50

aprox. 5 min

- Tome el tren con destino a BANGHWA 방화 en la estación (527) YEOUINARU 여의나루.
- Pase 2 estaciones y bájese en la estación (525)=(915) YEOUIDO 여의도. SALIDA #3

(525)=(915) YEOUIDO 여의도

IFC Mall (Centro comercial)
IFC 몰

Yeongdeungpo-gu Gukjegeumyung-ro 10
서울 영등포구 국제금융로 10

aprox. 5 min

- Haga un transbordo a la línea 9 caminando hasta el andén.
- Tome el tren con destino a SAETGANG 샛강.
- Recorra 3 estaciones y bájese en la estación ((923)=(734)=(339) EXPRESS BUS TERMINAL 고속터미널. SALIDA #8-1

(923)=(734)=(339) EXPRESS BUS TERMINAL 고속터미널

Sebit Seom (Isla Flotante)
세빛섬

Seocho-gu, Ollimpil-daero 2085-14
서울 서초구 올림픽대로 2085-14

		#	Inglés	Coreano	Chino	Transbordo	Distancia (km)	Distancia acumulada (km)
		100	Soyosan	소요산	逍遙山		-	0
		101	Dongducheon	동두천	东豆川		2.5	2.5
		102	Bosan	보산	保山		1.6	4.1
		103	Dongducheon Jungang	동두천중앙	东豆川中央		1.4	5.5
		104	Jihaeng	지행	纸杏		1	6.5
		105	Deokjeong	덕정	德亭		5.6	12.1
		106	Deokgye	덕계	德溪		2.9	15
		107	Yangju	양주	杨州		5.3	20.3
		108	Nogyang	녹양	绿杨		1.6	21.9
		109	Ganeung	가능	佳陵		1.3	23.2
		110	Uijeongbu	의정부	议政府		1.2	24.4
		111	Hoeryong	회룡	回龙		1.6	26
●		112	Mangwolsa	망월사	望月寺		1.4	27.4
●		113	Dobongsan	도봉산	道峰山	7	2.3	29.7
●		114	Dobong	도봉	道峰		1.2	30.9
●		115	Banghak	방학	放鹤		1.3	32.2
●		116	Chang-dong	창동	仓洞	4	1.7	33.9
●		117	Nokcheon	녹천	鹿川		1	34.9
●		118	Wolgye	월계	月溪		1.4	36.3
		119	Kwangwoon Univ.	광운대	光云大学		1.1	37.4
●		120	Seokgye	석계	石溪	6	1.1	38.5
●		121	Sinimun	신이문	新里门		1.4	39.9
●		122	Hankuk Univ. of Foreign Studies	외대앞	韩国外国语大学		0.8	40.7
		123	Hoegi	회기	回基		0.8	41.5
●	●	124	Cheongnyangni (University of Seoul)	청량리 (서울시립대입구)	清凉里(首尔市立大学)		1.4	42.9
	●	125	Jegidong	제기동	祭基洞		1	43.9
●	●	126	Sinseoldong	신설동	新设洞	2	0.9	44.8
●	●	127	Dongmyo	동묘앞	东庙	6	0.7	45.5
●	●	128	Dongdaemun	동대문	东大门	4	0.6	46.1
	●	129	Jongno 5(o)-ga	종로5가	钟路五街		0.8	46.9
●	●	130	Jongno 3(sam)-ga	종로3가	钟路三街	3 5	0.9	47.8

		#	Inglés	Coreano	Chino	Transbordo	Distancia (km)	Distancia acumulada (km)
	●	131	Jonggak	종각	钟阁		0.8	48.6
●	●	132	City Hall	시청	市厅	2	1	49.6
	●	133	Seoul Station	서울역	首尔(站)	4	1.1	50.7
●		134	Namyeong	남영	南营		1.7	52.4
●		135	Yongsan	용산	龙山		1.5	53.9
		136	Noryangjin	노량진	鹭梁津	9	2.6	56.5
●		137	Daebang	대방	大方		1.5	58
●		138	Singil	신길	新吉	5	0.8	58.8
		139	Yeongdeungpo	영등포	永登浦		1	59.8
●		140	Sindorim	신도림	新道林	2	1.5	61.3
●		141	Guro	구로	九老	1 *	1.1	62.4
●		142	Guil	구일	九一		1.4	63.8
		143	Gaebong	개봉	开峰		1	64.8
		144	Oryu-dong	오류동	梧柳洞		1.3	66.1
		145	Onsu	온수	温水	7	1.9	68
		146	Yeokgok	역곡	驿谷		1.3	69.3
		147	Sosa	소사	素砂		1.5	70.8
		148	Bucheon	부천	富川		1.1	71.9
		149	Jung-dong	중동	中洞		1.7	73.6
		150	Songnae	송내	松内		1	74.6
		151	Bugae	부개	富开		1.2	75.8
●		152	Bupyeong	부평	富平		1.5	77.3
		153	Baegun	백운	白云		1.7	79
		154	Dongam	동암	铜岩		1.5	80.5
●		155	Ganseok	간석	间石		1.2	81.7
●		156	Juan	주안	朱安		1.2	82.9
		157	Dohwa	도화	道禾		1	83.9
		158	Jemulpo	제물포	济物浦		1	84.9
		159	Dowon	도원	桃源		1.4	86.3
		160	Dongincheon	동인천	东仁川		1.2	87.5
		161	Incheon	인천	仁川		1.9	89.4

141 Guro se divide en una rama separada (dirección sur), que se indica con una P al frente. Continua en la siguiente pagina.

		#	Inglés	Coreano	Chino	Transbordo	Distancia (km)	Distancia acumulada (km)
		P142	Gasan Digital Complex	가산디지털단지	加山数码园区	7	2.4	64.8
		P143	Doksan	독산	秃山		2	66.8
		P144	Geumcheon-gu Office	금천구청	衿川区厅	1*	1.2	68
		P144-1	Gwangmyeong	광명	光明	1*, KTX	4.7	N/A
●		P145	Seoksu	석수	石水		2.3	70.3
●		P146	Gwanak	관악	冠岳		1.9	72.2
		P147	Anyang	안양	安养		2.4	74.6
●		P148	Myeonghak	명학	鸣鹤		2.2	76.8
●		P149	Geumjeong	금정	衿井	4	1.4	78.2
		P150	Gunpo	군포	军浦		2.2	80.4
		P151	Dangjeong	당정	堂井		1.6	82
		P152	Uiwang	의왕	义王		2.6	84.6
●		P153	Sungkyunkwan Univ.	성균관대	成均馆大学		2.9	87.5
●		P154	Hwaseo	화서	华西		2.6	90.1
●		P155	Suwon	수원	水原		2.1	92.2
		P156	Seryu	세류	细柳		2.9	95.1
		P157	Byeongjeom	병점	饼店	1*	4.3	99.4
		P157-1	Seodongtan	서동탄	西东滩	1*	2.2	N/A
		P158	Sema	세마	西东滩		2.4	101.8
		P159	Osan Univ.	오산대	洗马		2.7	104.5
		P160	Osan	오산	乌山大学		2.7	107.2
		P161	Jinwi	진위	乌山		4	111.2
		P162	Songtan	송탄	振威		3.8	115
		P163	Seojeongni	서정리	松炭		2.2	117.2
		P164	Pyeongtaekjije	평택지제	西井里		4.8	122
		P165	Pyeongtack	평택	芝制		3.7	125.7
		P166	Seonghwan	성환	平泽		9.4	135.1
		P167	Jiksan	직산	成欢		5.4	140.5
		P168	Dujeong	두정	稷山		3.8	144.3
		P169	Cheonan	천안	斗井		3	147.3
		P170	Bongmyeong	봉명	天安		1.5	148.8
		P171	Ssangyong (Korea Nazarene Univ.)	쌍용(나사렛대)	凤鸣		1.5	150.3
		P172	Asan	아산	双龙(拿撒勒大学)		1.5	151.8
		P173	Tangjeong	탕정	牙山		1.8	153.6
		P174	Baebang	배방	排芳		3.1	156.7
		P176	Onyangoncheon	온양온천	温阳温泉		4.9	161.6
		P177	Sinchang (Soonchunhyang Univ.)	신창(순천향대)	新昌		5.1	166.7

		#	Inglés	Coreano	Chino	Transbordo	Distancia (km)	Distancia acumulada (km)
●	●	201	City Hall	시청	市厅	1		
	●	202	Euljiro 1(il)-ga	을지로입구	乙支路入口		0.7	0.7
●	●	203	Euljiro 3(sam)-ga	을지로3가	乙支路三街	3	0.8	1.5
●	●	204	Euljiro 4(sa)-ga	을지로4가	乙支路四街	5	0.6	2.1
●	●	205	Dongdaemun History & Culture Park	동대문역사문화공원	东大门历史文化公园	4 5	1	3.1
	●	206	Sindang	신당	新堂	6	0.9	4
	●	207	Sangwangsimni	상왕십리	上往十里		0.9	4.9
●	●	208	Wangsimni	왕십리	往十里	5	0.8	5.7
	●	209	Hanyang Univ.	한양대	汉阳大学		1	6.7
	●	210	Ttukseom	뚝섬	纛岛		1.1	7.8
	●	211	Seongsu	성수	圣水	2 -1*	0.8	8.6
●	●	212	Konkuk Univ.	건대입구	建国大学	7	1.2	9.8
	●	213	Guui(Gwangjin-gu Office)	구의(광진구청)	九宜		1.6	11.4
	●	214	Gangbyeon(Dongseoul Bus Terminal)	강변(동서울터미널)	江边(东首尔客运站)		0.9	12.3
	●	215	Jamsillaru	잠실나루	蚕室渡口		1.8	14.1
	●	216	Jamsil(Songpa-gu Office)	잠실(송파구청)	蚕室(松坡区厅)	8	1	15.1
	●	217	Jamsilsaenae	잠실새내	蚕室新川		1.2	16.3
●	●	218	Sports Complex	종합운동장	综合运动场	9	1.2	17.5
	●	219	Samseong(World Trade Center Seoul)	삼성(무역센터)	三成(会展中心)		1	18.5
	●	220	Seolleung	선릉	宣陵		1.3	19.8
	●	221	Yeoksam	역삼	驿三		1.2	21
●	●	222	Gangnam	강남	江南		0.8	21.8
	●	223	"Seoul Nat'l Univ. of Education (Court & Public Prosecutors' Office)"	교대(법원·검찰청)	首尔教育大学	3	1.2	23
	●	224	Seocho	서초	瑞草		0.7	23.7
	●	225	Bangbae(Backseok Arts Univ.)	방배(백석예술대)	方背		1.7	25.4
	●	226	Sadang	사당	舍堂	4	1.6	27
	●	227	Nakseongdae	낙성대	落星垈		1.7	28.7
	●	228	Seoul Nat'l Univ.(Gwanak-gu Office)	서울대입구(관악구청)	首尔大学(冠岳区厅)		1	29.7
	●	229	Bongcheon	봉천	奉天		1	30.7
	●	230	Sillim	신림	新林		1.1	31.8
●	●	231	Sindaebang	신대방	新大方		1.8	33.6
●	●	232	Guro Digital Complex (Wonkwang Digital Univ.)	구로디지털단지(원광디지털대)	九老数码园区		1.1	34.7

![restroom]	![locker]	#	Inglés	Coreano	Chino	Transbordo	Distancia (km)	Distancia acumulada (km)
●	●	233	Daerim(Guro-gu Office)	대림(구로구청)	大林	7	1.1	35.8
●	●	234	Sindorim	신도림	新道林	1 2 -2*	1.8	37.6
	●	235	Mullae	문래	文来		1.2	38.8
●	●	236	Yeongdeungpo-gu Office	영등포구청	永登浦区厅	5	0.9	39.7
●	●	237	Dangsan	당산	堂山	9	1.1	40.8
	●	238	Hapjeong	합정	合井	6	2	42.8
	●	239	Hongik Univ.	홍대입구	弘益大学		1.1	43.9
	●	240	Sinchon	신촌	新村		1.3	45.2
	●	241	Ewha Womans Univ.	이대	梨花女子大学		0.8	46
	●	242	Ahyeon(Chugye Univ. for the Arts)	아현(추계예술대)	阿岘		0.9	46.9
	●	243	Chungjeongno(Kyonggi Univ.)	충정로(경기대입구)	忠正路	5	0.8	47.7

2-1 Seongsu Branch

![restroom]	![locker]	#	Inglés	Coreano	Chino	Transbordo	Distancia (km)	Distancia acumulada (km)
	●	211-1	Yongdap	용답	龙踏		2.3	2.3
●	●	211-2	Sindap	신답	新踏		1.0	3.3
●	●	211-3	Yongdu(Dongdaemun-gu Office)	용두(동대문구청)	龙头(东大门区厅)		0.9	4.2
●	●	211-4	Sinseoldong	신설동	新设洞	1	1.2	5.4

2-2 Sinjeong Branch

![restroom]	![locker]	#	Inglés	Coreano	Chino	Transbordo	Distancia (km)	Distancia acumulada (km)
	●	234-1	Dorimcheon	도림천	道林川		1.0	1.0
●	●	234-2	Yangcheon-gu Office	양천구청	阳川区厅		1.7	2.7
	●	234-3	Sinjeongnegeori	신정네거리	新亭十字路口		1.9	4.6
		234-4	Kkachisan	까치산	喜鹊山	5	1.4	6.0

		#	Inglés	Coreano	Chino	Transbordo	Distancia (km)	Distancia acumulada (km)
		309	Daehwa	대화	大化			
		310	Juyeop	주엽	注叶		1.4	1.4
		311	Jeongbalsan	정발산	鼎鉢山		1.6	3
		312	Madu	마두	马头		0.9	3.9
		313	Baekseok	백석	白石		1.4	5.3
●		314	Daegok	대곡	大谷		2.5	7.8
		315	Hwajeong	화정	花井		2.1	9.9
		316	Wondang	원당	元堂		2.6	12.5
		317	Wonheung	원흥	元兴		2.9	15.4
		318	Samsong	삼송	三松		2.1	17.5
●	●	319	Jichuk	지축	紙杻		1.7	19.2
	●	320	Gupabal	구파발	旧把拨		1.5	20.7
●	●	321	Yeonsinnae	연신내	延新川	6	2	22.7
	●	322	Bulgwang	불광	佛光	6	1.3	24
	●	323	Nokbeon	녹번	碌磻		1.1	25.1
	●	324	Hongje (Seoul Culture Arts Univ.)	홍제	弘济		1.6	26.7
●	●	325	Muakjae	무악재	毋岳岭		0.9	27.6
●	●	326	Dongnimmun	독립문	独立门		1.1	28.7
●	●	327	Gyeongbokgung (Government Complex-Seoul)	경복궁 (정부서울청사)	景福宫		1.6	30.3
	●	328	Anguk	안국	安国		1.1	31.4
●	●	329	Jongno 3(sam)-ga	종로3가	钟路三街	1 5	1	32.4
●	●	330	Euljiro 3(sam)-ga (Shinhan Card)	을지로3가 (신한카드)	乙支路三街	2	0.6	33
●	●	331	Chungmuro	충무로	忠武路	4	0.7	33.7
●	●	332	Dongguk Univ.	동대입구	东国大学		0.9	34.6
●	●	333	Yaksu	약수	药水		0.7	35.3
●	●	334	Geumho	금호	金湖	6	0.8	36.1
	●	335	Oksu	옥수	玉水		0.8	36.9
	●	336	Apgujeong (Hyundai Department Store)	압구정(현대백화점)	狎鸥亭		2.1	39
	●	337	Sinsa	신사	新沙		1.5	40.5
●	●	338	Jamwon	잠원	蚕院	7 9	0.9	41.4
	●	339	Express Bus Terminal	고속터미널	高速巴士客运站		1.2	42.6

		#	Inglés	Coreano	Chino	Transbordo	Distancia (km)	Distancia acumulada (km)
	●	340	Seoul Nat'l Univ. of Education (Court & Public Prosecutor's Office)	교대(법원·검찰청)	首尔教育大学	2	1.6	44.2
●	●	341	Nambu Bus Terminal (Seoul Arts Center)	남부터미널 (예술의전당)	南部客运站		0.9	45.1
●	●	342	Yangjae(Seocho-gu Office)	양재(서초구청)	良才		1.8	46.9
	●	343	Maebong	매봉	梅峰		1.2	48.1
	●	344	Dogok	도곡	道谷		0.8	48.9
●	●	345	Daechi	대치	大峙		0.8	49.7
	●	346	Hangnyeoul	학여울	鹤滩		0.8	50.5
●	●	347	Daecheong	대청	大厅		0.9	51.4
	●	348	Irwon	일원	逸院		1.2	52.6
●	●	349	Suseo	수서	水西		1.8	54.4
●	●	350	Garak Market	가락시장	可乐市场	8	1.4	55.8
●	●	351	Nat'l Police Hospital	경찰병원	警察医院		0.8	56.6
●	●	352	Ogeum	오금	梧琴	5	0.8	57.4

🚻	🔒	#	Inglés	Coreano	Chino	Transbordo	Distancia (km)	Distancia acumulada (km)
	●	409	Danggogae	당고개	堂岭			
●	●	410	Sanggye	상계	上溪		1.2	1.2
●	●	411	Nowon	노원	芦原	7	1	2.2
●	●	412	Chang-dong	창동	仓洞	1	1.4	3.6
●	●	413	Ssangmun	쌍문	双门		1.3	4.9
	●	414	Suyu (Gangbuk-gu Office)	수유(강북구청)	水逾		1.5	6.4
	●	415	Mia (Seoul Cyber University)	미아(서울사이버대학)	彌阿		1.4	7.8
	●	416	Miasageori	미아사거리	弥阿十字路口		1.5	9.3
	●	417	Gireum	길음	吉音		1.3	10.6
●	●	418	Sungshin Women's University (Donam)	성신여대입구(돈암)	诚信女子大学(敦岩)		1.4	12
	●	419	Hansung University (Samseongyo)	한성대입구(삼선교)	汉城大学(三仙桥)		1	13
	●	420	Hyehwa	혜화	惠化		0.9	13.9
●	●	421	Dongdaemun	동대문	东大门	1	1.5	15.4
●	●	422	Dongdaemun History & Culture Park	동대문역사문화공원(DDP)	东大门历史文化公园	2 5	0.7	16.1
●	●	423	Chungmuro	충무로	忠武路	3	1.3	17.4
●	●	424	Myeong-dong	명동(정화예술대)	明洞		0.7	18.1
●	●	425	Hoehyeon (Namdaemun Market)	회현(남대문시장)	会贤(南大门市场)		0.7	18.8
	●	426	Seoul Station	서울역	首尔(站)	1	0.9	19.7
	●	427	Sookmyung Women's University (Garwol)	숙대입구(갈월)	淑明女子大学(葛月)		1	20.7
●	●	428	Samgakji	삼각지	三角地	6	1.2	21.9
	●	429	Sinyongsan (AMOREPACIFIC)	신용산(아모레퍼시픽)	新龙山		0.7	22.6
●	●	430	Ichon (National Museum of Korea)	이촌(국립중앙박물관)	二村		1.3	23.9
●	●	431	Dongjak (Seoul National Cemetery)	동작(현충원)	銅雀	9	2.7	26.6
●	●	432	Chongsin University (Isu)	총신대입구(이수)	总神大学(梨水)	7	1.8	28.4
●	●	433	Sadang	사당	舍堂	2	1.1	29.5
●	●	434	Namtaeryeong	남태령	南泰岭		1.6	31.1
		435	Seonbawi	선바위	立岩		2	33.1
		436	Seoul Racecourse Park	경마공원	竞马公园		1	34.1
		437	Seoul Grand Park	대공원 (서울랜드)	首尔大公园		0.9	35
●		438	Gwacheon	과천	果川		1	36
●		439	Government Complex Gwacheon	정부과천청사	政府果川厅舍		1	37
		440	Indeogwon	인덕원	仁德院		3	40
		441	Pyeongchon	평촌	坪村		1.6	41.6
		442	Beomgye	범계	凡溪		1.3	42.9

👥	🔒	#	Inglés	Coreano	Chino	Transbordo	Distancia (km)	Distancia acumulada (km)
●		443	Geumjeong	금정	衿井	1	2.6	45.5
		444	Sanbon	산본	山本		2.3	47.8
		445	Surisan	수리산	修理山		1.1	48.9
		446	Daeyami	대야미	大夜味		2.6	51.5
		447	Banwol	반월	半月		2	53.5
●		448	Sangnoksu	상록수	常绿树		3.7	57.2
●		449	Hanyang University at Ansan	한대앞	汉阳大学(安山)		1.5	58.7
●		450	Jungang	중앙	中央		1.6	60.3
●		451	Gojan	고잔	古栈		1.4	61.7
●		452	Choji	초지	草芝		1.5	63.2
		453	Ansan	안산	安山		1.8	65
		454	Singiloncheon	신길온천	新吉溫泉		2.2	67.2
		455	Jeongwang	정왕	正往		2.9	70.1
		456	Oido	오이도	烏耳島		1.4	71.5

		#	Inglés	Coreano	Chino	Transbordo	Distancia (km)	Distancia acumulada (km)
	●	510	Banghwa	방화	傍花			
	●	511	Gaehwasan	개화산	开花山		0.9	0.9
	●	512	Gimpo Int'l Airport	김포공항	金浦机场	9	1.2	2.1
	●	513	Songjeong	송정	松亭		1.2	3.3
	●	514	Magok(Home & Shopping)	마곡(홈앤쇼핑)	麻谷		1.1	4.4
	●	515	Balsan	발산	钵山		1.2	5.6
	●	516	Ujangsan	우장산	雨装山		1.1	6.7
	●	517	Hwagok	화곡	禾谷		1	7.7
	●	518	Kkachisan	까치산	喜鹊山	2	1.2	8.9
●	●	519	Sinjeong(Eunhaengjeong)	신정(은행정)	新亭		1.3	10.2
	●	520	Mok-dong	목동	木洞		0.8	11
	●	521	Omokgyo (Mokdong Stadium)	오목교(목동운동장앞)	梧木桥(木洞运动场)		0.9	11.9
●	●	522	Yangpyeong	양평	杨坪		1.1	13
	●	523	Yeongdeungpo-gu Office	영등포구청	永登浦区厅	2	0.8	13.8
	●	524	Yeongdeungpo Market (Hallym Univ. Hanggang Sacred Heart Hospital)	영등포시장 (한림대 한강성심병원)	永登浦市场		0.9	14.7
	●	525	Singil	신길	新吉	1	1.1	15.8
●	●	526	Yeouido	여의도	汝矣岛	9	1	16.8
	●	527	Yeouinaru	여의나루	汝矣渡口		1	17.8
	●	528	Mapo	마포	麻浦		1.8	19.6
		529	Gongdeok	공덕	孔德	6	0.8	20.4
	●	530	Aeogae	애오개	儿岭		1.1	21.5
	●	531	Chungjeongno(Kyonggi Univ.)	충정로(경기대입구)	忠正路	2	0.9	22.4
	●	532	Seodaemun(Kangbuk Samsung Hospital)	서대문(강북삼성병원)	西大门		0.7	23.1
	●	533	Gwanghwamun (Sejong Center for the Perfoming Arts)	광화문(세종문화회관)	光化门(世宗文化会馆)		1.1	24.2
●	●	534	Jongno 3(sam)-ga(Tapgol Park)	종로3가(탑골공원)	钟路三街	1 3	1.2	25.4
	●	535	Euljiro 4(sa)-ga	을지로4가	乙支路四街	2	1	26.4
	●	536	Dongdaemun History & Culture Park	동대문역사문화공원 (DDP)	东大门历史文化公园	2 4	0.9	27.3
	●	537	Cheonggu	청구	青丘	6	0.9	28.2
	●	538	Singeumho	신금호	新金湖		0.9	29.1
	●	539	Haengdang	행당	杏堂		0.8	29.9
●	●	540	Wangsimni(SeongDong-Gu Office)	왕십리(성동구청)	往十里	2	0.9	30.8

♿	🔒	#	Inglés	Coreano	Chino	Transbordo	Distancia (km)	Distancia acumulada (km)
	●	541	Majang	마장	马场		0.7	31.5
	●	542	Dapsimni	답십리	踏十里		1	32.5
	●	543	Janghanpyeong	장한평	长汉坪		1.2	33.7
	●	544	Gunja(Neung-dong)	군자(능동)	君子(陵洞)	7	1.5	35.2
	●	545	Achasan (Rear Entrance to Seoul Children's Grand Park)	아차산 (어린이대공원후문)	峨嵯山		1	36.2
●		546	Gangnaru (Presbyterian Univ. & College & Seminary)	광나루(장신대)	广渡口(长神大学)		1.5	37.7
	●	547	Cheonho (Pungnaptoseong)	천호(풍납토성)	千戸	8	2	39.7
	●	548	Gangdong	강동	江东	5-1	0.8	40.5
	●	549	Gil-dong	길동	吉洞		0.9	41.4
	●	550	Gubeundari (Gangdong Community Center)	굽은다리(강동구민회관앞)	曲桥(江东区民会馆)		0.8	42.2
	●	551	Myeongil	명일	明逸		0.7	42.9
	●	552	Godeok(Kyung Hee Univ. Hospital at Gangdong)	고덕(강동경희대병원)	高德		1.2	44.1
	●	553	Sangil-dong	상일동	上一洞		1.1	45.2

5-1 Macheon Branch

♿	🔒	#	Inglés	Coreano	Chino	Transbordo	Distancia (km)	Distancia acumulada (km)
	●	P549	Dunchon-dong	둔촌동	遁村洞		1.2	1.2
●	●	P550	Olympic Park (Korean National Sport Univ.)	올림픽공원(한국체대)	奥林匹克公园(韩国体育大学)	9	1.4	2.6
	●	P551	Bangi	방이	芳荑		0.9	3.5
●	●	P552	Ogeum	오금	梧琴	3	0.9	4.4
	●	P553	Gaerong	개롱	开笼		0.9	5.3
	●	P554	Geoyeo	거여	巨余		0.9	6.2
	●	P555	Macheon	마천	马川		0.9	7.1

		#	Inglés	Coreano	Chino	Transbordo	Distancia (km)	Distancia acumulada (km)
	●	610	Eungam	응암	鷹岩			
	●	611	Yeokchon	역촌	驿村		1.1	1.1
	●	612	Bulgwang	불광	佛光	3	0.8	1.9
	●	613	Dokbawi	독바위	瓮岩		0.9	2.8
	●	614	Yeonsinnae	연신내	延新川	3	1.4	4.2
	●	615	Gusan	구산	龟山		0.9	5.1
	●	616	Saejeol(Sinsa)	새절(신사)	赛折(新寺)		0.9	6
	●	617	Jeungsan(Myongji Univ.)	증산(명지대앞)	缯山(明知大学)		0.9	6.9
●	●	618	Digital Media City	디지털미디어시티	数码媒体城		1.1	8
●	●	619	World Cup Stadium(Seongsan)	월드컵경기장(성산)	世界杯体育场		0.8	8.8
	●	620	Mapo-gu Office	마포구청	麻浦区厅		0.8	9.6
	●	621	Mangwon	망원	望远		1	10.6
	●	622	Hapjeong	합정	合井	2	0.8	11.4
	●	623	Sangsu	상수	上水		0.8	12.2
	●	622	Hapjeong	합정	合井	2	0.8	11.4
	●	623	Sangsu	상수	上水		0.8	12.2
	●	624	Gwangheungchang(Seogang)	광흥창(서강)	广兴仓		0.9	13.1
	●	625	Daeheung(Sogang Univ.)	대흥(서강대앞)	大兴(西江大学)		1	14.1
	●	626	Gongdeok	공덕	孔德	5	0.9	15
	●	627	Hyochang Park	효창공원앞	孝昌公園		0.9	15.9
	●	628	Samgakji	삼각지	三角地	4	1.2	17.1
	●	629	Noksapyeong(Yongsan-gu Office)	녹사평(용산구청앞)	綠莎坪		1.1	18.2
	●	630	Itaewon	이태원	梨泰院		0.8	19
●	●	631	Hangangjin	한강진	汉江镇		1	20
	●	632	Beotigogae	버티고개	波提岭		1	21
●	●	633	Yaksu	약수	药水	3	0.7	21.7
		634	Cheonggu	청구	青丘	5	0.8	22.5
	●	635	Sindang	신당	新堂	2	0.7	23.2
	●	636	Dongmyo	동묘앞	东庙	1	0.6	23.8
●	●	637	Changsin	창신	昌信		0.9	24.7
	●	638	Bomun	보문	普门		0.8	25.5
●	●	639	Anam(Korea Univ. Hospital)	안암(고대병원앞)	安岩		0.9	26.4
●	●	640	Korea Univ.(Jongam)	고려대(종암)	高丽大学(钟岩)		0.8	27.2
	●	641	Wolgok(Dongduk Women's Univ.)	월곡(동덕여대)	月谷		1.4	28.6
	●	642	Sangwolgok(KIST)	상월곡 (한국과학기술연구원)	上月谷		0.8	29.4
	●	643	Dolgoji	돌곶이	石串		0.8	30.2

♿	🔒	#	Inglés	Coreano	Chino	Transbordo	Distancia (km)	Distancia acumulada (km)
●	●	644	Seokgye	석계	石溪	**1**	1	31.2
		645	Taereung	태릉입구	泰陵	**7**	0.8	32
	●	646	Hwarangdae(Seoul Women's Univ.)	화랑대(서울여대입구)	花郎台 (首尔女子大学)		0.9	32.9
	●	647	Bonghwasan(Seoul Medical Center)	봉화산(서울의료원)	烽火山		0.7	33.6
		648	Sinnae	신내	新內		1.3	34.9

		#	Inglés	Coreano	Chino	Transbordo	Distancia (km)	Distancia acumulada (km)
		709	Jangam	장암	长岩	1		
●	●	710	Dobongsan	도봉산	道峰山		1.4	1.4
	●	711	Suraksan	수락산	水落山		1.6	3
	●	712	Madeul	마들	马得		1.4	4.4
	●	713	Nowon	노원	芦原	4	1.2	5.6
	●	714	Junggye(Korean Bible Univ.)	중계(한국성서대)	中溪		1.1	6.7
	●	715	Hagye(Eulji Medical Center)	하계(을지대 을지병원)	下溪		1	7.7
	●	716	Gongneung (Seoul Nat'l Univ. of Science and Technology)	공릉(서울과학기술대)	孔陵		1.3	9
	●	717	Taereung	태릉입구	泰陵	6	0.8	9.8
	●	718	Meokgol	먹골	墨谷		0.9	10.7
	●	719	Junghwa	중화	中和		0.9	11.6
●	●	720	Sangbong(Intercity Bus Terminal)	상봉(시외버스터미널)	上凤 (市外巴士客运站)		1	12.6
	●	721	Myeonmok	면목	面牧		0.8	13.4
	●	722	Sagajeong(Green Hospital)	사가정(녹색병원)	四佳亭		0.9	14.3
	●	723	Yongmasan(Yongma Falls Park)	용마산(용마폭포공원)	四佳亭		0.8	15.1
	●	724	Junggok	중곡	中谷		0.9	16
		725	Gunja(Neung-dong)	군자(능동)	君子(陵洞)	5	1.1	17.1
	●	726	Children's Grand Park(Sejong Univ.)	어린이대공원(세종대)	儿童大公园 (世宗大学)		1.1	18.2
●	●	727	Konkuk University	건대입구	建国大学	2	0.8	19
●	●	728	Ttukseom Park	뚝섬유원지	纛岛游园地		1	20
	●	729	Cheongdam(Korea Gold Exchange)	청담(한국금거래소)	清潭		2	22
	●	730	Gangnam-gu Office	강남구청	江南区厅		1.1	23.1
	●	731	Hak-dong	학동	鹤洞		0.9	24
	●	732	Nonhyeon	논현	论岘		1	25
	●	733	Banpo	반포	盘浦		0.9	25.9
	●	734	Express Bus Terminal	고속터미널	高速巴士客运站	3 9	0.9	26.8
	●	735	Naebang	내방	內方		2.2	29
●	●	736	Isu(Chongsin University)	이수(총신대입구)	梨水	4	1	30
●	●	737	Namseong	남성	南城		1	31
	●	738	Soongsil Univ.(Salpijae)	숭실대입구(살피재)	崇实大学(赛毗陵)		2	33
	●	739	Sangdo	상도	上道		0.9	33.9
	●	740	Jangseungbaegi	장승배기	长丞拜基		0.9	34.8
	●	741	Sindaebangsamgeori	신대방삼거리	新大方丁字路口		1.2	36
	●	742	Boramae	보라매	波拉美		0.8	36.8

♿	🔒	#	Inglés	Coreano	Chino	Transbordo	Distancia (km)	Distancia acumulada (km)
	●	743	Sinpung	신풍	新丰		0.9	37.7
●	●	744	Daerim(Guro-gu Office)	대림(구로구청)	大林	2	1.4	39.1
	●	745	Namguro	남구로	南九老		1.1	40.2
	●	746	Gasan Digital Complex(Mario Outlet)	가산디지털단지(마리오아울렛)	加山数码园区	1	0.8	41
	●	747	Cheolsan	철산	铁山		1.4	42.4
	●	748	Gwangmyeongsageori	광명사거리	光明十字路口		1.3	43.7
	●	749	Cheonwang	천왕	天旺		1.7	45.4
	●	750	Onsu(Sungkonghoe Univ.)	온수(성공회대입구)	温水(圣公会大学)		1.5	46.9
		751	Kkachiul	까치울	喜鹊屋		2.2	49.1
●		752	Bucheon Stadium	부천종합운동장	富川綜合運動場		1.2	50.3
		753	Chunui	춘의	春衣		0.9	51.2
		754	Sinjung-dong	신중동	新中洞		1	52.2
		755	Bucheon City Hall	부천시청	富川市厅		1.1	53.3
		756	Sang-dong	상동	上洞		0.9	54.2
		757	Samsan Gymnasium	삼산체육관	三山体育馆		1.1	55.3
		758	Gulpocheon	굴포천	掘浦川		0.9	56.2
●		759	Bupyeong-gu Office	부평구청	富平区厅		0.9	57.1
		760	Sangok	산곡	儿童大公园(世宗大学)		1.6	58.7
●		761	Seoknam(Geobuk Market)	석남(거북시장)	建国大学		2.3	61

		#	Inglés	Coreano	Chino	Transbordo	Distancia (km)	Distancia acumulada (km)
	●	810	Amsa	암사	岩寺			
		811	Cheonho(Pungnaptoseong)	천호(풍납토성)	千户(风纳土城)	5	1.3	1.3
	●	812	Gangdong-gu Office	강동구청	江东区厅		0.9	2.2
	●	813	Mongchontoseong(World Peace Gate)	몽촌토성(평화의문)	梦村土城(平和之门)		1.6	3.8
	●	814	Jamsil(Songpa-gu Office)	잠실(송파구청)	蚕室(松坡区厅)	2	0.8	4.6
●	●	815	Seokchon(Hansol Hospital)	석촌(한솔병원)	石村	9	1.2	5.8
	●	816	Songpa	송파	松坡		0.9	6.7
●	●	817	Garak Market	가락시장	可乐市场	3	0.8	7.5
	●	818	Munjeong	문정	文井		0.9	8.4
	●	819	Jangji	장지	长旨		0.9	9.3
	●	820	Bokjeong	복정	福井		0.9	10.2
	●	821	Namwirye	남위례	南慰礼		1.6	11.8
	●	822	Sanseong	산성	山城		1.1	12.9
	●	823	Namhansanseong(Seongnam Court & Prosecutor's Office)	남한산성입구(성남법원·검찰청)	南汉山城(城南法院·检察厅)		1.3	14.2
	●	824	Dandaeogeori(Shingu College)	단대오거리(신구대학교)	丹垈五岔路口		0.8	15.0
	●	825	Sinheung	신흥	新兴		0.8	15.8
	●	826	Sujin	수진	寿进		0.9	16.7
	●	827	Moran	모란	牡丹		1.0	17.7

♿	🔒	#	Inglés	Coreano	Chino	Transbordo	Distancia (km)	Distancia acumulada (km)
	●	901	Gaehwa	개화	开花			
●	●	902	Gimpo Int'l Airport	김포공항	金浦机场	5	3.6	3.6
		903	Airport Market	공항시장	机场市场		0.8	4.4
	●	904	Sinbanghwa	신방화	新傍花		0.8	5.2
		905	Magongnaru	마곡나루(서울식물원)	麻谷渡口		0.9	6.1
	●	906	Yangcheon Hyanggyo	양천향교	阳川乡校		1.4	7.5
	●	907	Gayang	가양	加阳		1.3	8.8
	●	908	Jeungmi	증미	曾米		0.7	9.5
	●	909	Deungchon	등촌	登村		1.0	10.5
	●	910	Yeomchang	염창	盐仓		0.9	11.4
	●	911	Sinmokdong	신목동	新木洞		0.9	12.3
	●	912	Seonyudo	선유도	仙游岛		1.2	13.5
●	●	913	Dangsan	당산	堂山	2	1.0	14.5
●	●	914	National Assembly	국회의사당 (KDB산업은행)	国会议事堂		1.5	16.0
●	●	915	Yeouido	여의도	汝矣島	5	0.9	16.9
	●	916	Saetgang	샛강(KB금융타운)	赛江		0.8	17.7
●	●	917	Noryangjin	노량진	鹭梁津	1	1.2	18.9
	●	918	Nodeul	노들	鹭得		1.1	20.0
	●	919	Heukseok (Chung-Ang Univ.)	흑석(중앙대입구)	黑石(中央大学)		1.1	21.1
●	●	920	Dongjak (Seoul National Cemetery)	동작(현충원)	铜雀(显忠院)	4	1.4	22.5
	●	921	Gubanpo	구반포	旧盘浦		1.0	23.5
	●	922	Sinbanpo	신반포	新盘浦		0.7	24.2
●	●	923	Express Bus Terminal	고속터미널	高速巴士客运站	3 7	0.8	25.0
		924	Sapyeong	사평	砂平		1.1	26.1
	●	925	Sinnonhyeon (Le Meridien Hotel)	신논현(르메르디앙호텔)	新论岘		0.9	27.0
	●	926	Eonju (CHA Gangnam Medical Center)	언주(강남차병원)	彦州		0.8	27.8
	●	927	Seonjeongneung	선정릉	宣靖陵		0.9	28.7
	●	928	Samseongjungang	삼성중앙	三成中央		0.8	29.5
	●	929	Bongeunsa	봉은사	奉恩寺		0.8	30.3
●	●	930	Sports Complex	종합운동장	综合运动场	2	1.4	31.7
		931	Samjeon	삼전	三田		1.4	33.1
		932	Seokchon Gobun	석촌고분	石村古坟		0.8	33.9
●		933	Seokchon	석촌	石村	8	1.0	34.9
		934	Songpanaru	송파나루	松坡渡口		0.8	35.7
		935	Hanseong Baekje	한성백제	汉城百济		0.8	36.5
●		936	Olympic Park	올림픽공원(한국체대)	奥林匹克公园	5	1.4	37.9
		937	Dunchon Oryun	둔촌오륜	遁村五轮		1.0	38.9
		938	VHS Medical Center	중앙보훈병원	中央报勋医院		1.7	40.6

www.ingramcontent.com/pod-product-compliance
Lightning Source LLC
Chambersburg PA
CBHW060122120726
48003CB00009B/2742